P/Lだけじゃない
事業ポートフォリオ改革

ROIC

Return On Invested Capital

超入門

松永博樹・伊藤学

日本能率協会マネジメントセンター

はじめに

　ある会社で、『ROICを経営指標とする経営管理制度導入』のお手伝いをしていたときのことです。財務部門のご担当者から以下のようなことを言われました。

　「問題は、どうやってこれを現場に説明するかですね。現場に説明しても、B/Sって何ですか？　と言われますよ」と。

　いま、多くの会社が経営管理にROICの導入を進めていますが、導入はしたものの、現場への浸透に苦労しているというお客様が多くいらっしゃいます。

　本書は、

「P/L（損益計算書）はなんとなく分かるけど、B/S（貸借対照表）、簿記はよくわからない」という方や、「ROICを上げるには、在庫削減や滞留債権を回収すればよいことはわかるけど、理屈は説明できない」という読者を対象として、

「ROICを導入すること、すなわち『**利益中心の経営管理から資本効率を意識した経営管理へ**』とはどういうことか」をできるだけ平易に説明します。

　そのため本書は、会計の専門家でなくとも「財務会計の基本であるB/SやP/Lとはなにか」「ROICと似た名前であるROAやROEとなにが異なるのか」、そして「会社の成長や世の中の動向によって、管理会計がどのように変わってきたのか」を説明し、「ROICがなぜ必要になったのか」「ROIC経営が何を管理すべきなのか」を理解できるようにしました。

　本書は以下の章から構成されています。
第1章「まずはROICとは何かを理解しよう」
　なぜいまROIC経営が脚光を浴びているのでしょうか？　第1章では、

3

ROIC の基本的な考え方、ROIC が生まれた時代背景、そして、ROIC の計算式を構成する値の意味から基本的な計算方法まで説明します。

第 2 章「なぜ ROIC が必要なんですか？」

　ROIC とよく似た経営指標に、ROE や ROA という指標があります。それらの指標との比較も交えながら、経営指標のそれぞれが持つ管理目的を説明しつつ、ROIC 経営はどのような会社の管理に向いているのかを考えます。

第 3 章「ROIC を計算してみよう」

　第 3 章では、実際に ROIC を計算してみます。会社全体の ROIC を計算するのはそれほど難しくありません。本章では、ROIC 経営の導入でもっとも手間のかかる事業別 ROIC の計算方法についても解説していきます。

第 4 章「ROIC で経営を管理する」

　第 4 章では ROIC をどのように経営（マネジメント）に活かしていくかを考えます。ROIC 経営では、ROIC 自体の目標を設定しますが、本章の説明の中では、ROIC はとにかく良くすればよいという指標でもない、ということも合わせて説明します。

第 5 章「ROIC 経営を導入しよう」

　第 5 章では、ケーススタディを用いて、会社が ROIC 経営を導入する背景や目的について改めて説明しています。総合電機メーカー ABC 社の成長に伴った経営管理制度の変遷についてみていきます。

　本書の各節の冒頭では、個性あふれる以下の 3 人による会話で始まります。最初は「ROIC って何ですか？」と言っている美咲さんの成長についてもお楽しみください。登場する 3 人のプロフィールをご紹介します。

■木戸先生（氏名：木戸裕康）

・港北大学　経営学部教授（58 歳）
・自動車メーカーの経営管理部長としての勤務経験もある、実務とアカデミックに通じるベテラン教授

- 企業における経営管理の実態把握も兼ねて、定期的にゼミの OB/OG との交流会を開催している

■健太（氏名：藤原健太）

- 住宅設備メーカー勤務
- 28 歳。勤続 5 年目
- 入社時から経理部に配属
- ゼミの OB/OG 会の中心メンバー。アクティブで面倒見の良い性格
- 木戸先生のゼミでは優秀な生徒。健太の妹と美咲が幼馴染ということで昔から親しい間柄。美咲とは木戸先生ゼミの先輩後輩の関係

■美咲（武田美咲）

- 総合電気機器メーカー勤務
- 24 歳。勤続 2 年目
- 入社時から営業企画部に配属されているが、経営企画部への異動を密かに希望している
- 在学中にも経営管理のゼミに参加はしていたものの、就職後、営業企画の実務を通じて数字で管理することに興味がわき、OB/OG 会に出席してさまざまな情報を収集しながらあらためて勉強中

＊

　最後になりましたが、本書の企画・発刊につきましては、日本能率協会マネジメントセンターの渡辺敏郎氏にたいへんお世話になりました。一度頓挫しかけた本書が無事発刊できたのも渡辺氏のご尽力のおかげです。この場をお借りしてお礼申しあげます。また、アットストリームコンサルティング株式会社の内山正悟さんには、本書のコンセプト、企画づくりと本書のレビューを、上野将範さんには本書のレビューをお手伝いいただきました。本書の文責は著者 2 名ですが、お二人のおかげで本書を世に送り出せることができました。合わせてお礼申し上げます。

2021 年 10 月
松永 博樹　伊藤 学

CONTENTS

第**3**章　ROIC を計算してみよう

第4章　ROIC で経営を管理する

第 **5** 章　ROIC 経営を導入しよう

●木戸先生の経営管理講座

＊ EVA〔Economic Value Added：経済的付加価値〕はスターン・スチュワート
社の登録商標です。

第1章

まずは
ROIC とは何かを
理解しよう

ROIC で何が見えてくるのか？

なぜいま ROIC 経営が脚光を浴びているのでしょうか？

会社の経営指標に ROIC が採用されるようになった背景には、「売上や利益の管理だけでは企業を成長させることが難しくなってきた」という時代の変化があげられます。

第1章では、ROIC の基本的な考え方、ROIC が生まれた時代背景、そして、ROIC の計算式を構成する値の意味から基本的な計算方法までを説明します。ROIC 経営の本質を理解するために必要な基本的知識をしっかり理解しましょう。

美咲

「先生、社長が急に「ウチでも『ROIC＊¹』を導入する」って言い始めて、部長があたふた騒いでいるんです。ROICって何ですか？」

健太

「うちの会社は、ちょうどROICの運用が始まったところだよ」

木戸先生

「経営管理が進んだ会社では、ROIC経営の導入が流行っているからね。美咲君の会社も、規模の拡大だけじゃなくて、資本効率も意識するようになってきたんだね」

美咲

「資本効率？？？」

木戸先生

「そう、資本効率。どんな会社だって、元手が必要だろう？資本効率とは「元手をうまく使っていかに儲けるか？」と言うこともできる。会社の儲けと元手との関係について、一緒に考えてみよう」

＊１：「ROIC」は一般的に「ロイック」と呼ばれます。

元手をうまく使って儲けるとは？

　美咲さんの会社では、経営指標として ROIC を導入することになりました。会話の中で先生は「ROIC を導入するということは、資本効率を意識することだ」といっています。

　まずは、この「資本効率がよい」とはどういうことか、次の 2 つの会社を例にして考えてみましょう。

　図 1.1 の A 社は製造業です。100 億円の資金を元手に、自社で製品を開発、製造、販売しています。その結果、A 社は 100 億円を売上げ、利益は 10 億円となりました。

　続いて**図** 1.2 の B 社です。B 社の資金は 10 億円です。B 社はこの資金を元手に商品を企画しますが、A 社とは異なり、製造は仕入先に委託し、完成品を商品として仕入れて販売するというビジネスモデルを採用しています。その結果、B 社の売上高は 20 億円、利益は 2 億円となりました。

　ここで、改めて両社を比較してみましょう。

　図 1.3 を見てください。まず、売上高と利益額との比較です。A 社は 100 億円の売上で利益が 10 億円、B 社は 20 億円の売上高で利益が 2 億円です。同じ利益を稼ぐためにどれだけの売上が必要か、利益額を売上高で割り算して求めてみましょう（売上高利益率といいます）。

　この場合、A 社、B 社ともに、売上高利益率は 10％です。つまり A 社、

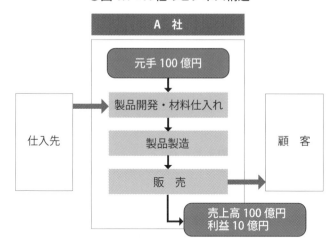

●図1.1：A社のビジネス構造

A　社

元手100億円

製品開発・材料仕入れ

製品製造

販　売

仕入先

顧　客

売上高100億円
利益10億円

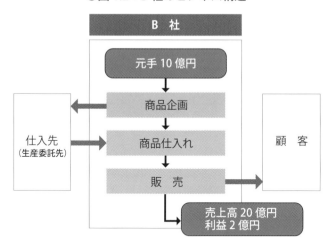

●図1.2：B社のビジネス構造

B　社

元手10億円

商品企画

商品仕入れ

販　売

仕入先
（生産委託先）

顧　客

売上高20億円
利益2億円

B社ともに、同じ額の利益を得るために必要な売上高は同じになります。

　次に、同じ利益を稼ぐためにどれだけの元手（資金）が必要かを計算してみましょう。ここでは、利益を元手（資金）で割り算をして

●図 1.3：A 社と B 社の比較

	A 社	B 社
① 元手（資金額）	100 億円	10 億円
② 売上高	100 億円	20 億円
③ 利益額	10 億円	2 億円
同じ利益をあげるのに いくらの売上高が必要か？ 売上高利益率（%）［＝③利益額÷②売上高×100］	10%	10%
同じ利益をあげるのに いくらの元手を使っているか？ 資本利益率（%）［＝③利益額÷①元手×100］	10%	20%

求めます（資本利益率といいます）。この場合、A 社は 10%、B 社は 20%となりました。この違いはどのように考えればよいでしょうか？

資本利益率が大きいほど、元手あたりの利益が大きい、すなわち元手に対して効率がよいということなので、B 社のほうが A 社よりも元手を 2 倍効率的に活用しているといえます。つまり、業種やビジネスモデルの違いを無視すれば、B 社のほうが元手をうまく使って儲けているといえるのです。

そしてこの「元手に対してどれだけ儲けたか」という概念こそが、この本のテーマである ROIC の概念なのです。

それでは、これから ROIC について詳しく理解していきましょう。

2 ROIC とは？

健太

「ところで美咲ちゃん、ROIC って何かわかった？」

美咲

「はい。元手を使って、どれだけうまく儲けたかっていうことですよね。元手は会社の資金のことでしょうか？」

木戸先生

「そうだね。じゃあ会社は、必要な資金をどうやって調達していると思う？」

美咲

「銀行から借りるのと、株式会社だったら株式の発行ですよね？」

木戸先生

「そのとおり。そして資金を提供してくれた株主や銀行に対しては、会社はお返しをしなければならないよね」

美咲

「そうですよね…。じゃあ、元手を出してくれた人へのお返しを管理するために ROIC を使うってことですか？」

健太

「美咲ちゃん、わかってきたね！」

> **POINT**
>
> ○ ROIC とは投下資本に対する利益の割合を示すものであること
> を理解する
> ○ 投下資本の構成内容を理解することで ROIC の本質を理解
> する

ROIC とは何か？

　これまで説明してきたとおり、ROIC とは、ビジネスを行うために必要な元手（資金）に対して、どれだけ儲けたかを測る指標です。ROIC の計算ではこの元手のことを「投下資本」といいます。

　投下資本が 1 億円のビジネスと 1000 万円のビジネスでは、同じく 100 万円の利益であっても、投下資本が 1000 万円のビジネスのほうが、元手が少ない分効率がよいといえます。

　ROIC は、どれだけ儲けたかという利益の絶対額ではなく、効率的に稼げたかを測る指標です。**図 1.4** のように、同じ利益なら投下資本が少ない B 社のほうが効率的な経営ができているということになります。

　ここで、「効率的に稼げたか」を測る一般的な指標である売上高利益率と ROIC を比較してみましょう。

　売上高利益率は、文字どおり売上高に対してどれだけ効率的に儲けたかを測る指標です。**図 1.5** を見てください。X 社のように、80 円で仕入れた商品を 100 円で売れば、利益は 20 円です。100 円の売上に対して、儲けとなる利益は 20 円です。次に Y 社は、売値が 100 円の商品を 90 円で仕入れているので、儲けは 10 円にしかなりません。X 社のほうが効率がよいのは明らかでしょう。

　売上に対する利益を測る売上高利益率に対し、ROIC は投下資本に対する儲けの割合であり、限りある経営資源をいかに有効活用したの

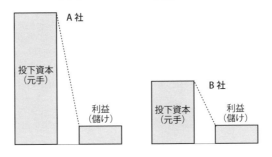

●図 1.4：ROIC の概念イメージ

利益が同じなら、A 社よりも B 社のほうが ROIC は良いといえる

●図 1.5：売上高利益率の概念イメージ

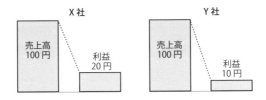

売上高が同じなら、Y 社よりも X 社のほうが効率は良いといえる

かを重視する指標なのです。**図 1.4** と**図 1.5** を比較してみると、売上高利益率と ROIC との違いがわかってもらえるでしょう。

　さらに、会社が投下資本で効率よく儲けることをより深く理解するためには、投下資本をどのように調達しているのかを理解する必要があります。会社のビジネスの元手となる資金は、調達方法によって大きく 2 つに分けることができます。

会社はビジネスの元手をどうやって調達しているのか？

　会社は元手をどのように調達しているのかについて考えてみましょう。**図 1.6** を見てください。

　1 つめは、銀行等の金融機関からの借り入れや、債権市場で社債等

●図1.6：資金の調達方法

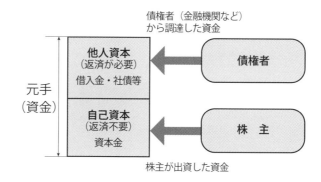

債権者（金融機関など）から調達した資金

他人資本（返済が必要）借入金・社債等

債権者

元手（資金）

自己資本（返済不要）資本金

株主

株主が出資した資金

を発行することで得られる資金です。これらの資金は、一定期間経ったら返済しなければならない資金です。通常は借り入れた資金だけでなく、利息も含めた額を返済することになります。このような資金を「他人資本」と呼びます。

　２つめは、株主によって会社に出資された資金で、「自己資本」と呼びます。他人資本とは異なり、これらの資金は返済する必要はありません。その代わり、会社は一定期間で得られた儲けを配当金として株主に支払う（還元する）ことになります。

　ここで重要なのは、会社がビジネスをおこすためには、出資者や債権者といった資金（元手）の提供者が必要であるということです。会社は出資者（株式会社の場合は株主）がお金を出して、ビジネスの元手とします。当初は株主からの出資金でビジネスを行っていますが、ある程度軌道に乗って信用がついてくると、銀行から資金を借り入れたり、新たな出資者からさらなる出資を募ること（増資）も可能になります。会社が儲けた資金でビジネスを拡大することも可能ですが、事業を大きく拡大させるためには多額の資金が必要となり、他人から資金を調達することも必要となります。

　そして、このような会社への資金提供者は、何の見返りもなく資金を提供してくれるわけではありません。銀行（債権者）は、資金

を貸し出すことで会社に対して利息の支払いを求めます。株主は配当金や株価の上昇を期待します。そしてこれらの利息や配当金は、会社がビジネスで得た儲けの中から支払われます。会社は元手を提供してくれた株主や債権者のために、ビジネスを行っているともいえるのです。

資金の出し手の気持ちになってみましょう。株主（投資家）は、自分の出資した金額に対して会社がどれだけ稼いでいるかが気になるところです。また、銀行の立場でいえば、会社への貸出金額に対する利息額以上に稼いでいるのかが気になります。

ROIC とは、「ビジネスを行うために必要な元手（資金）に対して、どれだけ儲けたかを管理する指標」です。会社に対する投資家や債権者の立場に立つと、ROIC を管理することの重要性が理解できるのではないでしょうか？　ROIC は、投資家や債権者の目線に立った指標といえます。多くの会社が決算発表において ROIC を公表するようになっているのもこのためです。

ROIC で管理する利益とは？

最後に、ROIC で管理する利益（儲け）についてもう少し詳しく解説します。利益について基本的なことからおさらいしていきましょう。

利益とは売上高からかかった費用を差し引いた結果なのですが、差し引く費用の内容によって、利益の意味は変わります。

図1.7 を見てください。売上高から商品の仕入や製品の製造にかかる費用を差し引いた利益を売上総利益といいます。いわゆる粗利です。モノを売らないサービス業等でも、サービスの提供に直接かかった費用を差し引いたものが売上総利益となります。

売上総利益からさらに、営業活動や会社の管理にかかった費用を差し引いて残った利益を営業利益といいます。営業活動や会社を管理するための費用には、商品を配送するための物流費、商品を宣伝するた

●図 1.7：売上高から差し引く費用と利益の定義

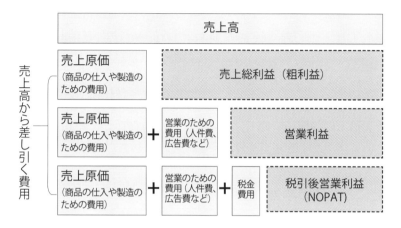

利息や配当金は、税引後営業利益の中から負担される

めの広告費用、営業部門や間接部門の人件費や、光熱費、消耗品などの費用も含まれます。

　それ以外にも、会社にとっての支出には税金（法人税）があります。営業利益から税金を差し引いた後の利益を税引後営業利益といいます。会社がビジネスを行ううえで必要な費用を差し引いて、残った利益の中からさらに税金の支払い後に残る利益が、税引後営業利益ということになります。[2]

　ここで改めて、ROIC とは何かを考えてみましょう。

　ROIC とは「ビジネスを行うために必要な元手（資金）に対して、どれだけ儲けたかを管理する指標」です。そして ROIC は投資家や債権者の目線で会社を管理する指標でもあります。

---

[2]：実際には税引前の時点で利息は支払われるが、最終的な利益還元額を考えるには、税引後の利益から支払うという考え方をするのがポイントです。

では、ROIC で使うべき儲け（利益）は、どの利益になるのでしょうか？　結論からいうと、ROIC の算定では、税引後営業利益を使います。なぜなら、投資家に対する配当金や債権者に対する利息は、営業利益から税金費用を差し引いた後の税引後営業利益の中から支払われるからです。つまり、投資家や債権者の目線に立てば、重視すべき利益は税引後営業利益ということになります。税引後営業利益を管理する実務上の課題については後述しますが、ここでは ROIC 管理で利益といえば、まずは税引後営業利益だと理解してください。

会社にとっての本当の儲けとは？

　ROIC で管理する利益は税引後営業利益ですが、さらにもう少し会社の儲け（利益）について考えてみましょう。

　営業利益から税金費用を差し引いた後の利益を税引後営業利益だと説明しました。また、税引後営業利益の中から配当金や利息が支払われることも説明しました。ここでもうひとつ説明を加えると、会社の投資家に対するリターンは配当金だけではありません。図 1.8 のように、投資家は儲けの分配として配当金だけでなく、株価の上昇も期待しています。この株価の上昇は、企業価値の向上と言い換えることも

●図 1.8：投資家（株主）の出資に対するリターンのイメージ

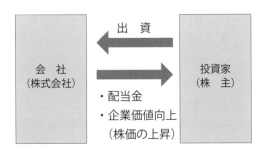

株主は配当金だけでなく、株価の上昇を求めている

●図1.9：株主資本コストとEVA®のイメージ

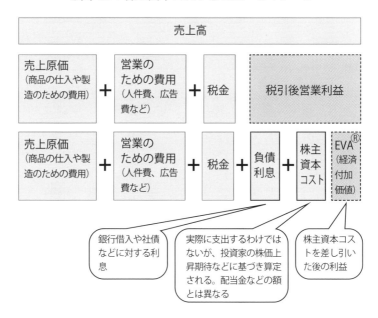

税引後営業利益から負債利息と株主資本コストを差し引いた儲け（EVA®）がプラスであれば、企業価値が向上したと考えられる

できます。

　そして、これら株主の会社に対する期待値の大きさを算定したものを株主資本コストといいます。株主に対する配当は税引後営業利益から支払われ、税引後営業利益からさらに負債に対する利息と株主資本コストを差し引いたのが、EVA®[*3]と呼ばれるものになります（**図1.9**）。

　このEVA®がプラスであれば、会社として株主の期待以上に儲けることができたと考えられ、企業価値が向上したといえます。経営管理へのROICの導入と合わせて、EVA®を導入する会社も多くなっています。

＊3：EVA®はスターンスチュワート社の登録商標です

ROIC の計算方法

最後に ROIC の計算式を整理しておきましょう。

図 1.10 を見てください。これまで説明してきたとおり、ROIC とは投下資本（ビジネスの元手）に対する税引後営業利益（儲け）の割合を示すものです。そして、ここまで説明してきたとおり、投下資本は、「有利子負債 ＋ 株主資本」と書き換えることができます。有利子負債とは、金融機関等からの借入による他人資本のことです。また、税引後営業利益は、管理会計の実務上は営業利益に対して（1 －実効税率）を乗ずることによって算定するのが一般的です。

なお、本書では、以降の章で投下資本の算定方法について別の算定式でも説明しますが、まずは基本となるこの算定式から ROIC の意義を理解しましょう。

●図 1.10：ROIC の算定式

01 木戸先生の経営管理講座
財務３表とは？

　どんな会社でも、一定期間（会計期間と呼びます）に１度は決算書を作成しなければなりません。一般に決算書と呼ばれる書類には、損益計算書、貸借対照表、キャッシュフロー計算書の３つがあり、これらを合わせて「財務３表」とよびます（**図１**参照）。

　金融商品取引法という法律によって、上場企業[*4]では財務３表の作成とその公開（開示という）が義務付けられています。

　上場企業以外の会社でも、損益計算書、貸借対照表の２つの書類は作成が義務付けられています。

●図１：決算書（財務３表）の種類

財務３表（決算書・決算書類）		作成義務
損益計算書	P/L (Profit & Loss Statement)	すべての会社で作成が必要
貸借対照表	B/S (Balance Sheet)	すべての会社で作成が必要
キャッシュフロー計算書	C/F (Cash Flow Statement)	上場企業のみ作成が必要

＊４：株式を証券取引所などの市場で公開している会社

02 財務3表は何を表しているの？

　財務3表がそれぞれ何を表しているか見てみましょう。

　図2を見てください。まずは、損益計算書（P/L）です。P/Lは、ある一定期間（会計期間）でどれだけ稼いだかを表しています。ほとんどの会社は、会計期間を1年間として決算書を作成します。P/Lはいくら稼いだかを表す「収益（①）」と、いくら使ったかを表す「費用（②）」、それらの差額としていくら儲かったかを表す「利益（①－②）」によって構成されています。利益には、何を費用として計算するのかによって営業利益や経常利益などさまざまな種類の利益があり、これを段階利益と呼びます。

　貸借対照表（B/S）は、ある時点でその会社にある資産や負債などの残高を表したものです。P/Lが会計期間を対象として計算したものに対し、B/Sは特定のある日を対象に残高を集計したものです。貸借対照表は、大きく分けると「資産」、「負債」、「純資産」の3つに区分することができます。この中で「資産」には、その会社が保有する商品、機械設備などが含まれます。「将来収益（お金）を生み出すもとになるもの」と理解するとよいでしょう。現金も投資などの使い方によってはお金を生み出すので資産になります。

　「資産」は会社が何をどれだけ持っているかを表すのに対して、「負債」と「純資産」は会社が「資産を得るために調達した資金」を表しています。

　まず「負債」です。言葉から受けるイメージでは銀行からの借入金が頭に浮かぶかもしれませんが、借入金だけでなく買掛金

●図2：財務3表が表しているもの

損益計算書（P/L）
1月1日から12月31日まで

収　益	どれだけ稼いだか
費　用	どれだけ使ったか
利　益	どれだけ儲けたか

（−）

1年間でどれだけ儲けたか

X年1月1日　　　　　　　　　　　　X年12月31日

時の流れ →

1年間で現金がどれだけ増えたか　　**期末にどれだけ持っているか**

キャッシュフロー計算書（C/F）
1月1日から12月31日まで

期初現金残高	
±) 営業 CF	営業活動でどれだけ現金が増えたか
±) 投資 CF	投資でどれだけ使ったか
±) 財務 CF	借入金がどれだけ増減したか
期末現金残高	いくらお金があるか

貸借対照表（B/S）
12月31日現在

資産	負債	他人からの借入はいくらか
	純資産	自分（株主）の拠出した資金はいくらか

何をどれだけ持っているか

や支払手形なども含まれます。「会社が資産を得るために調達した資金のうち、将来返済が必要なもの」と理解してください。

　最後に残った「純資産」は、負債とは異なり「会社が資産を買うために調達した資金のうち、返済が不要なもの」です。「純資産」は「自己資本」ともいいます。

　「資産」、「負債」、「純資産」の理解は、本書のテーマであるROICを理解するためにとても重要です。ビジネスを行うため

に使っている資金を表しているのが「資産」で、それを得るための資金の調達方法を表しているのが「負債」と「純資産」です。

　財務3表の説明の最後は、キャッシュフロー計算書（C/F）です。C/Fはその名のとおりお金（キャッシュ）の流れ（フロー）を表します。会計期間の期初にいくらのキャッシュがあって、どのような要因でキャッシュが増減したのかを表しています。キャッシュフロー計算書（C/F）は、
① 営業活動によるキャッシュ・フロー（営業C/F）
② 投資活動によるキャッシュ・フロー（投資C/F）
③ 財務活動によるキャッシュ・フロー（財務C/F）
の3つの区分で構成されます。ここでの「キャッシュ」とは、現金や預金といった会社がその気になればすぐに現金化できる資産のことです。

　① 営業C/Fから具体的に説明します。営業C/Fとは、その会社のビジネスそのものによるキャッシュの増減を示す指標で、会社の事業管理において重視される指標の1つです。

　次に② 投資C/Fは、文字どおり投資活動によってどれだけキャッシュの減少があったのかを示す指標です。製造業が生産設備を購入したり、M&Aによって他社から事業を買収した場合の支出はこの投資C/Fとなります。

　キャッシュの増減要因の最後は③ 財務C/Fです。企業活動においては、ビジネスで必要な手元の資金が不足する場合、金融機関から借り入れたり、社債を発行して調達します。逆に手元にキャッシュの余裕があれば、借入金を返済したり、社債の償還を行います。新たに借り入れを行えばキャッシュは増加し、借入金の返済を行えばキャッシュは減少します。また、新たに

株式を発行して市場から資金を調達することもあります。これもキャッシュの増加要因となります。このように、金融機関や市場とのやり取りによるキャッシュの増減を表すのが財務 C/F です。

　以上、決算書として取りまとめられる財務３表はすべて、企業活動の実態を表現するものですが、それぞれが表す意味の違いを理解してください。

03 利益とキャッシュフローの違い

　「ある期間でどれだけ稼いだか」を表すのが損益計算書の「利益」です。また、「ある期間でどれだけキャッシュが増えたか」を表すのがキャッシュフロー計算書の「キャッシュフロー」です。この説明だけでは、どちらも似たように感じるかもしれませんが、実際は異なります。

　まずは、簡単な例で説明します。**図3**を見てください。

●図3：利益とキャッシュフローの違い　取引ケース1

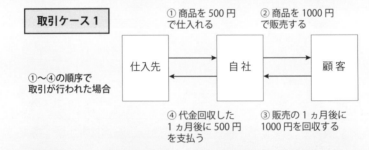

取引内容	利益	キャッシュフロー	説　　明
① 商品を仕入先から500円で仕入れる	―	―	この時点では利益もキャッシュフローも認識しない（商品在庫金額が500円増加）
② 商品を顧客に1000円で販売する	500	―	この時点で売上1000－原価500により500円の利益を計上するが、現金は動いていないのでキャッシュフローは認識しない
③ 販売の1ヵ月後に顧客から1000円を回収する	―	+1000	販売代金を回収してキャッシュが1000円増加
④ 代金回収した1ヵ月後に仕入先に500円を支払う	―	－500	仕入代金を支払ってキャッシュが500円減少

　ある会社が、① 商品を仕入れて、それを② 販売し、③ 販売代金を回収して、④ 仕入先に代金を支払うという単純な取引のケースを考えてみましょう。

　取引ケース1において「利益」はいつ認識されるのかというと、②の商品を販売した時点となります。具体的には、利益を認識するのは顧客と契約が成立し、商品の引き渡しが完了した時点ということになります。代金のやりとりは、商品の引き渡しと同時に行われる場合もあれば、このケースのように商品の販売（引き渡し）の1ヵ月後に行われる場合もあります。

　一方で、キャッシュフローを認識するのは、キャッシュ（現金）が動いた時点となります。このケースでは、③ 顧客から代金を回収した時点で＋1000円のキャッシュフローを認識し、④ 仕入先に代金を支払った時点で－500円のキャッシュフローを認識することになります。企業間で行われる取引の多くは、このケースのように販売のタイミングと代金のやり取りのタイミングは異なります。そのため、最終的には利益、キャッシュフローどちらも＋500円となりますが、認識するタイミングによって、利益とキャッシュフローは異なる金額となるのです。

　では、商品の仕入・販売と同時に代金がやり取りされる場合ではどうでしょうか？　**図4**を見てください。

　取引ケース2では、仕入と同時に仕入代金を支払い、販売と同時に販売代金を回収します。この場合でもやはり、利益とキャッシュフローが認識されるタイミングは異なります。利益が認識されるタイミングは顧客と契約が成立し、商品の引き渡しが完了した時点ですが、キャッシュフローの認識はキャッシュが動いた時点です。

　ここで紹介したケースでは、1回だけの取引でしたが、企業

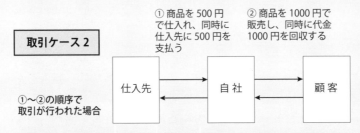

●図4：利益とキャッシュフローの違い　取引ケース2

取引ケース2

①〜②の順序で取引が行われた場合

① 商品を 500 円で仕入れ、同時に仕入先に 500 円を支払う

② 商品を 1000 円で販売し、同時に代金 1000 円を回収する

仕入先　→　自社　→　顧客

取引内容	利益	C/F	説　明
① 商品を 500 円で仕入れ、同時に仕入先に 500 円を支払う	—	−500	この時点で商品在庫金額が 500 円増加し、キャッシュは 500 円減少
② 商品を 1000 円で販売し、同時に代金 1000 円を回収する	500	+1000	この時点で売上 1000 −原価 500 により 500 円の利益を計上し、同時に代金を回収するので、キャッシュが 1000 円増加

活動ではさまざまな取引先と同様の取引を延々と繰り返すことになります。そのため、ある期間やあるタイミングで見ると、利益とキャッシュフローは異なる金額になるのです。

　これらのケースで見てもらったのは、運転資本[*5]の増減による利益とキャッシュフローのずれですが、その他にも次のような理由で、利益とキャッシュフローの金額に違いが発生します。

●減価償却費の計上による差

　減価償却費[*6]は、過去に取得した資産の取得費用を分割して費用として計上するため、費用（利益のマイナス）にはなりますが、代金の支払いが済んでいる場合、キャッシュの支出はありません。

●投資（設備投資やＭ＆Ａなど）による差

上記の減価償却費とは逆に、設備投資やＭ＆Ａによるキャッシュの支出は、そのすべてがその会計年度の費用にはなりません。費用になるのは減価償却費分だけなので、実際のキャッシュの支出額と減価償却費の額の差額の分だけ異なります。

●借入金の増減分

金融機関などからの借入金の増減によるキャッシュの増減は、費用にも収益にもなりません。したがって、これによるキャッシュの増減分だけ、利益とキャッシュフローの金額は異なることになります。

以上のように、利益とキャッシュフローの差について解説しましたが、これは利益とキャッシュフローが本質的に異なった概念であるためです。

キャッシュフロー計算書は、ビジネスの最終目標である「現金」の増減実績や事実をあらわし、利益を計算する損益計算書は、どのくらい儲ける力（キャッシュを増やす力）があるのかをあらわすためのものです。儲ける力を表現するため、損益計算書では、売上と売上原価を対応させたり、設備支出を減価償却費として分割計上しているのです。

このような本質的な違いを理解すると、利益とキャッシュフローがなぜ異なるのかも理解できるのではないでしょうか。

＊5：運転資本：企業が通常の企業活動を行うために必要な資金。「運転資本 ＝ 売上債権 ＋ 棚卸資産 － 仕入債務」により計算できる。代金の回収が遅れたり、未販売商品を手元に持っていればその分資金が必要になり、仕入先に対する支払いを遅らせることができれば必要資金額が減少します。

＊6：減価償却費：長期間に使用することが想定される資産（生産設備など）の購入費用を購入した年だけの費用にせず、経年に分割して費用を計上すること。そのため減価償却費として費用は計上してもキャッシュ支出はありません。

3 なぜいま ROIC なんだろう？

美咲

「先生、どうしてうちの会社は、ROIC を導入しようとしているんでしょうか？」

木戸先生

「美咲君の会社では各部門の目標指標は何だったのかな？」

美咲

「売上と営業利益です」

健太

「うちの会社も、ROIC を導入する前は営業利益中心の管理だったよ。営業利益率（ROS）を指標にしていたから、『ROS経営』と呼んでいたな」

木戸先生

「ROIC が多くの会社で導入されるようになってきた背景には、市場環境や競争環境の変化があるんだよ。経営環境の変化によって、ROIC で管理せざるを得なくなってきたといったほうがいいかもしれない。売上高や営業利益を管理するだけでは不十分になってきてしまったんだ」

なぜいま ROIC なのか？

　多くの日本企業が経営指標として ROIC を採用しはじめています。
これまでは売上高や営業利益の管理が中心でしたが、時代が変わり、
それらの管理だけでは企業の成長が困難になってきています。

　日本企業の経営指標の変遷を振り返って、なぜいま ROIC が求めら
れるようになったのかを考えてみましょう。

（1990 年代以前：高度経済成長からバブル経済の時代）

　第二次世界大戦の復興後の経済成長期では、企業の経営指標といえ
ば売上高や市場シェアでした。この時代は、経済自体が成長して賃金
も右肩あがりで増え、個人の消費意欲も旺盛でした。

　このような経済環境では、売上が伸びるのは当たり前で、どれだけ
売上を伸ばすかがもっとも重要でした。そのため多くの企業が売上高
の目標設定だけではなく、競合他社よりも売上を伸ばすために、市場
シェアを目標として管理していました。

　売上があがれば利益は後からついてくるという考えのもと、利益は
結果だけ管理していれば十分だったのです。

（1990 年代以降：バブル経済崩壊後）

　バブル経済の崩壊とともに、経済は停滞します。縮小した市場の中
で企業間の競争が激しくなり、かつてのように売上さえ伸ばしていれ

ば利益も増えるということもなくなりました。売上が伸びない中でも赤字を出すわけにはいかないので、利益を目標に管理する必要が出てきました。そこで多くの企業が、営業利益や経常利益といった利益額そのものを経営の管理指標としました。また、同じ売上高でいかに多くの利益をあげるかを追求することから、売上高営業利益率（ROS）も管理されるようになりました。

　売上高は大きく伸びないという前提の中で、利益を増やすために企業が取り組みやすいのは、コストを削減することです。こうした時代の要請に応じて、BPR（ビジネス・プロセス・リエンジニアリング）やSCM（サプライチェーン・マネジメント）といった業務改革や経営管理手法が登場しました。

（1990年代後半〜：資本市場のグローバル化と株主価値重視）

　1990年代後半になると、日本の資本市場の開放による資本取引自体のグローバル化が進み、日本企業にも外国人株主が増えてきました。外国人株主たちは、株主に対してより多くのリターンを求めるようになり、欧米企業よりも相対的に資本効率の低かった日本企業に対して、株主からの厳しい目が向けられるようになりました。「会社は誰のものか」というテーマが議論されるようになったのもこの頃です。当時、とくに多くの会社で注目された経営指標は、ROE（株主資本利益率）やROA（総資産利益率）でした。

　株主の要請によって、会社全体の資本効率や資産効率を高めることが、結果として株価、すなわち企業価値を高めることになると考えられ、グローバル先進企業の多くがROEやROAを経営指標に採用し、EVA®のように資本コストを意識した経営指標が取り入れられるようになりました。それまでの日本企業では主に損益計算書（P/L）を中心とする経営管理だったのが、貸借対照表（B/S）を管理するようになっていきました。

（2000 年代以降：ROIC が経営指標となった背景）

　ここまでの日本企業における経営指標の変遷を簡単に振り返ると、経済が右肩上がりの時代は売上を追いかけていれば儲かる（利益が出る）というよい時代でした。バブル経済がはじけて売上が伸びにくい時代になると、コスト削減によって利益を確保することが経営管理の中心となりました。しかし、バブル崩壊後、成長が鈍化した日本市場に参入してきた外国人投資家が資本効率を重視したため、ROE や ROA といった B/S に対する管理も行うようになってきました。ここでいう資本効率や資産効率とは、すでに説明した「元手をいかにうまく使ってビジネスを行うか」とほぼ同じ意味合いでとらえてください。

　ここで本題に入りましょう。なぜいま ROIC なのか？　これには日本企業の成長戦略と密接な関係があります。

　バブル崩壊後の多くの日本企業は、本業のムダをそぎ落としながら利益を出すことに努めながら、成長戦略については、事業の多角化と市場のグローバル化に託すようになりました。つまり、それまでの国内市場を中心としたビジネスではなく、アジアや欧米の市場に進出したり、既存ビジネス以外の新しいビジネスに挑戦したりといった具合です。さらに、これらの多角化や新規市場への進出は、積極的な M ＆ A（企業買収）によって進められ、多くの投資を伴うものでした。

　しかし、経営資源は限られています。多角化やグローバル化の推進には多くの資金や人材が必要ですが、限られた経営資源をいかに有効活用するかが、日本企業の経営課題となっていきました。投資や撤退する事業や市場を管理する、いわゆるポートフォリオ管理です。会社全体での資本効率や資産効率の管理から、限られた経営資源を活用するためには、事業や市場ごとの管理が必要となってきました。

　ここで経営管理のひとつとして登場してきたのが、本書のテーマである ROIC（投下資本利益率）です。詳細は後述しますが、ROIC も ROA や ROE のように、資産や資本に対する利益の割合を示す指標という意味では同じです。ただし、ROE 等と比べて、事業や市場

ごとに管理しやすい指標であるといえます。そのため ROIC は、新規事業や新規市場への進出を積極的に推進する企業で経営指標として採用されるようになってきました。

逆にいえば、これまでどおりの市場でこれまでどおりの事業を続けている企業にとっては、新たに ROIC を導入する必要性は低いといえます。個々の企業（グループ）の経営管理上の要請から各社へ導入されつつある指標が ROIC なのです（**図 1.11**）。

●図 1.11：日本企業の経営指標の変遷

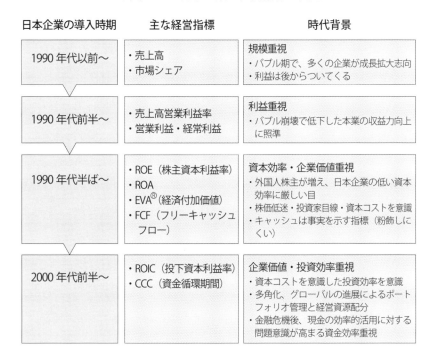

日本企業の導入時期	主な経営指標	時代背景
1990 年代以前～	・売上高 ・市場シェア	**規模重視** ・バブル期で、多くの企業が成長拡大志向 ・利益は後からついてくる
1990 年代前半～	・売上高営業利益率 ・営業利益・経常利益	**利益重視** ・バブル崩壊で低下した本業の収益力向上に照準
1990 年代半ば～	・ROE（株主資本利益率） ・ROA ・EVA®（経済付加価値） ・FCF（フリーキャッシュフロー）	**資本効率・企業価値重視** ・外国人株主が増え、日本企業の低い資本効率に厳しい目 ・株価低迷・投資家目線・資本コストを意識 ・キャッシュは事実を示す指標（粉飾しにくい）
2000 年代前半～	・ROIC（投下資本利益率） ・CCC（資金循環期間）	**企業価値・投資効率重視** ・資本コストを意識した投資効率を意識 ・多角化、グローバルの進展によるポートフォリオ管理と経営資源配分 ・金融危機後、現金の効率的活用に対する問題意識が高まる資金効率重視

04 投資家とのコミュニケーション

　どんな会社も、会社を設立するときには出資者がビジネスの元手となる資金を拠出します。株式会社であれば、出資者は株主です。非上場の会社では、経営者（社長および取締役）が自ら出資をしていることがほとんどですが、上場企業では異なります。

　上場企業では通常、出資者（株主）と経営者が異なるので、経営者は会社の業績や財務状況を株主に対して説明（開示）する必要があります。そのため、各社は有価証券報告書や決算説明資料を作成して、株主に対して定期的に業績報告を行っています。

　上場企業の株主の立場に立ってみましょう。この場合の株主は、投資家と呼んだほうがわかりやすいかもしれません。投資家は資金の増加（株価の上昇）と儲けの分け前（配当）を期待して出資しています。

　日本取引所グループでは、毎年「企業価値向上表彰」という制度を設けています（**図5**）。日本取引所グループの HP によると、この表彰制度の主旨は以下のとおりとなります（著者にて抜粋）。

「企業価値向上表彰」においては、経済付加価値創造の4要素である Measurement（経営指標）、Management System（経営管理制度）、Motivation（評価報酬制度）及び Mindset（企業風土の醸成・変革）に加え、持続的な企業価値向上を支える Engagement（企業との建設的な対話）を選定の視点とし、これらを通じ「資本コスト」を意識した経営を実践している会社を表彰しています。

●図5：企業価値向上表彰のコンセプト

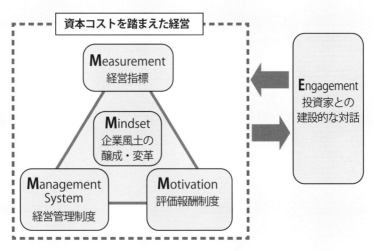

出所：日本取引所グループHPより

　この表彰制度は証券取引所が主催しているものですから、投資家向けの情報開示を意識した制度です。とくにその特徴として、『「資本コスト」を意識した経営を実践しているか？』をその表彰の基準としています。この資本こそが、ここまで説明してきた会社にとっての資金（元手）にほかなりません。表彰されている会社の多くは、本書のテーマである「ROIC」を経営指標としています。

第 **2** 章

なぜ ROIC が
必要なんですか？

ROIC の特徴を理解しよう

皆さんも ROE や ROA といった経営指標を聞いたことはあるでしょう。それらの経営指標と ROIC は何が違うのでしょうか？

経営指標は、それぞれの管理目的のために存在しています。ROIC を理解する前に、ROE や ROA が何を管理しているのかを考えてみましょう。

それぞれの指標の管理対象を理解できるようになると、ROIC がどのような会社に向いている指標なのかも理解できるようになります。

第 2 章では、ROIC を使いこなすために、ROIC の特徴と有用性について理解していきましょう。

健太

「美咲ちゃん、ROIC のことがだいぶわかってきたみたいだね。経営指標というと ROE とか ROA もよく使われているけど、知ってる？」

美咲

「うちの会社でも管理しているから知ってますよ。ROE は自己資本利益率で、ROA は総資産利益率ですよね」

健太

「そう！　よく覚えてるね！」

美咲

「でも、ROE や ROA で何を管理しているのかはわかっていないんです。経営指標って、何でこんなにたくさんあるんですか？」

木戸先生

「それは、それぞれで表現したいことが違うからだよ」

美咲

「経営指標で表現したいことって何ですか？」

POINT

○ 多くの会社で経営指標として採用されている ROE と ROA について理解する

○ ROE や ROA と ROIC との違いを理解する

○ ROIC の算出目的は会社にとって本業が儲かっているかどうかを測ることだと理解する

○ ROIC 経営が合うのはどのような会社なのかを理解する

ROE や ROA と ROIC との違い

　資産効率を意識した経営指標には、本書で取り上げる ROIC 以外にもよく知られた指標があります。ROE（自己資本利益率）や ROA（総資産利益率）はその代表です。ROE や ROA も ROIC と同じように、自己資本や総資産といった資産項目に対してどの程度稼いでいるかを測る指標です。

　ROIC は、投下資本に対してどれだけ稼いでいるかを税引後営業利益により測りますが、ROE では当期純利益、ROA では営業利益（もしくは当期純利益）を用いるのが一般的です。ROE や ROA と ROIC との違

●図 2.1：ROIC/ROE/ROA の一般的な算定式

経営指標	日本語名称	一般的な計算式
ROIC (Return On Invested Capital)	投下資本利益率	ROIC＝税引後営業利益／投下資本
ROE (Return On Equity)	自己資本利益率	ROE＝当期純利益／自己資本
ROA (Return On Asset)	総資産利益率	ROA＝営業利益(もしくは当期純利益)／総資産

●図 2.2：資金の調達方法（図 1.7 再掲）

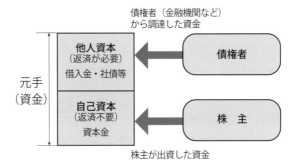

いを理解するためには、ROE や ROA の算定のもととなる、自己資本や
総資産、当期純利益や営業利益について理解する必要があります。

ROE（自己資本利益率）とは？

　まず、ROE から説明しましょう。ROE は Return On Equity の略で、
自己資本利益率のことです。

　自己資本についてはすでに説明したとおりですが、**図 2.2** でおさら
いしましょう。

　ビジネスの元手となる資金は、債権者から調達した借入金や社債等と、
株主から調達した資本金の 2 種類があります。ROE 算定のための自己資
本とは、このうちの株主から出資された資本金のことです。

　つまり、ROE とは「株主が出資した資金に対してどれだけ稼いだか」
と言い換えることができます。キーワードは株主です。ROE は株主
の気持ちを表す指標なのです。

　株主の気持ちを考えた場合、ROE で意識すべき儲けがわかるでしょ
うか？

　図 2.3 で、それぞれの利益のイメージを説明しています。この中で
会社の収益から、ありとあらゆる費用や法人税等を支払った残りが当
期純利益です。これこそが株主にとっての儲けとなります。株主に対

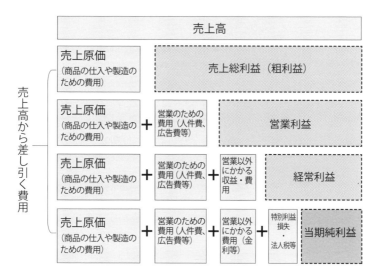

●図 2.3：当期純利益の概念イメージ

●図 2.4：ROE の算定式

$$
\begin{array}{c}
\text{ROE} \\
\text{（自己資本利益率）}
\end{array}
\;=\;
\frac{\text{当期純利益}}{\text{自己資本}}
$$

する配当金の原資となるのも、この当期純利益です。ROE は会社が株主に向けて目標設定するのにふさわしい指標といえるでしょう。現に、多くの上場企業が ROE を IR [*1] 上の開示項目として目標値と実績を公表しています。ROE の算定式は**図 2.4** となります。

＊1：IR（Investor Relations）：企業が投資家や株主に対して、投資の判断ができるよう、会社の活動内容や財務状況などの必要な情報を提供する活動全般を指す。

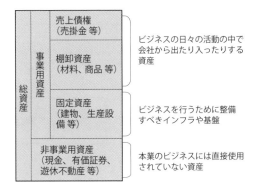

●図 2.5：総資産の概念イメージ

ROA（総資産利益率）とは？

　次に、ROA です。ROA は Return On Asset の略で、総資産利益率のことです。ROIC や ROE と同様に、資産項目に対してどれだけ稼いでいるかを測る指標です。

　まずは、**図 2.5** で総資産とは何かについて説明します。総資産は、大きく、事業用資産と非事業用資産に分けられます。

　事業用資産とは、会社の本業のビジネスに直接使用する資産のことで、売掛金や受取手形等の売上債権、商品や材料等の棚卸資産、建物や生産設備等の固定資産に分けられます。

　一方、非事業用資産とは、現在行っている本業のビジネスには直接使用されていないさまざまな資産のことで、有価証券や遊休資産等です。歴史のある会社では、過去に撤退した事業で使用していた資産等、現在のビジネスでは直接使用していない資産を多く持っている場合があります。総資産とは、使っている、使っていないに関わらず、会社の持っているすべての資産だとイメージしてください。

　続いて、ROA を算定するときに使用する儲け（利益）について考えます。**図 2.6** を見てください。ROE の算定で使用する儲け（利益）は当期純利益と説明しましたが、ROA の場合は管理の目的によって

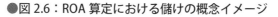

●図 2.6：ROA 算定における儲けの概念イメージ

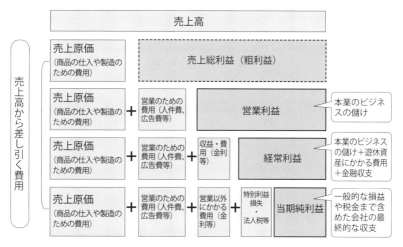

算出に使用する儲け（利益）は異なります。

　まずは、当期純利益で計算するケースです。総資産とは、会社の持っているすべての資産だと説明しました。当期純利益とは、会社がその年度にどれだけ稼いだかを示す利益なので、この場合の ROA は「会社のすべての資産を使って、最終的にどれだけ稼いだか」を表す指標になります。

　次に、営業利益で計算するケースを考えてみましょう。営業利益とは本業のビジネスでどれだけ稼いだかを表しています。営業利益とは、債権者に対する金利を支払う前の儲けの金額です。営業利益で計算する ROA は、「会社のすべての資産を使って、本業のビジネスでどれだけ稼いだか」を表す指標になります。

　両方のケースにいえることですが、ROA の算定に使用する総資産は非事業用資産を含むので、非事業用資産が多い会社では、本業のビジネスに活かせていない資産が多く、資産効率が悪いことを表すことになります。

　このように、ROA については、会社の管理会計の方針に合わせて算定に使用する利益を使い分けることがあります。会社によって事業

49

●図 2.7：ROA の算定式

$$\text{ROA}（\text{総資産利益率}） = \frac{\text{営業利益 or 経常利益 or 当期純利益}}{\text{総資産}}$$

用資産と非事業用資産の資産構成割合や本業の儲け（営業利益）と本業以外の損益（営業外損益）の割合も違うので、何を継続的に測定したいのかを考えて算定方法を決定すべきです。ROA の算定式は**図 2.7**となります。

ROIC と ROE・ROA の比較

　会社は、何を管理したいのかという管理目的に合わせて、さまざまな指標を併用して経営管理を行います。ここまでは ROE と ROA について説明しましたが、これらの指標と本書のテーマである ROIC との違いを考えながら、あらためてそれぞれの管理指標について理解を深めていきましょう。

　まずは**図 2.8** を見てください。この図では ROIC の特徴を説明しながら、ROE や ROA と比較してみました。

　ROIC の特徴は、本業のビジネスの管理を何よりも重視しているということです。ビジネスの資本効率を管理するために開発されたのが ROIC なのです。

　ROIC と比較して、ROE の特徴とは何でしょうか？　これまで説明してきたとおり、ROE は株主を意識した指標です。そのため、上場企業の多くが経営指標として採用し、目標や実績を公表しています。ここで考えてほしいのは、経営者の役割です。上場企業の経営者にとっては、株主から出資を受けた資金を元手に、ビジネスで多くの利益を上げることが第一のミッションとなります。企業経営の結果として、株主の期待以上に利益を上げることができれば、配当や企業価値（株価）の向上とい

●図 2.8：ROIC・ROE・ROA の比較

	ROIC （投下資本利益率）	ROE （自己資本利益率）	ROA （総資産利益率）
算定式	税引後営業利益 ／投下資本	当期純利益 ／自己資本	営業利益 ／総資産
分子の 意味合い	**本業のビジネスの儲け** から税金費用を差し引 いた金額	会社の最終的な儲け	本業のビジネスの儲け
分母の 意味合い	**本業のビジネス**に 使用している投下資本	投下資本のうち 株主からの出資分	会社の資産のすべて
何がわかるか？	**本業のビジネス**に使用 している投下資本に対 してどれだけ稼いだか	**株主の出資分** **（株主資本）に対して** どれだけ稼いだか	会社の持つ**すべての** **資産に対して** どれだけ稼いだか
よく指摘される 問題点	指標の意味合いが ややわかりづらい	借入資金による自社株 買いなどで指標向上を 図ることができる	・遊休資産とその収支を 含むので、本業ビジネ スだけの効率性を判断 しづらい ・事業用負債が考慮され ない

う形で、株主に還元することができます。

　ROE を目標とするときにしばしば指摘される問題は、ROE は本業のビジネスの業績とは無関係な操作が可能だということです。ROEの算定式の分母を思い出してください。ROE の分母は自己資本です。つまり、ROE は自己資本を減らせば向上するということになります。

　では、どのようにすれば自己資本を減らせるのでしょうか？　それは自社株買いという方法でできます。

　具体的には、金融機関等から借り入れをして、株式市場で自社の株式を購入します。会社が自社の株式を購入するということは、市場から調達していた資金を返却したということになり、自己資本は減少します。ただし、注意が必要なのは、このケースでは自己資本は減っていますが、そのかわりに有利子負債が増えている点です。

　図 2.9 を見てください。自社株買いを実施したことにより、ROE は20%から 40%に向上していますが、ROIC は 10%のままです。

　自社株買いや借り入れのように、ビジネスのための資金を調達する活動を財務活動といいます。借り入れによる自社株買いのような財

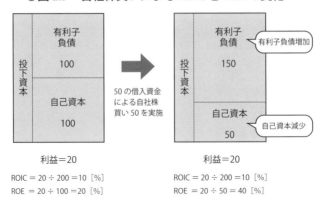

● 図 2.9：自社株買いによる ROIC と ROE の変化

利益＝20

ROIC ＝ 20 ÷ 200 ＝10 ［%］
ROE ＝ 20 ÷ 100 ＝20 ［%］

利益＝20

ROIC ＝ 20 ÷ 200 ＝10 ［%］
ROE ＝ 20 ÷ 50 ＝ 40 ［%］

自社株買いにより、ROE は向上するが、ROIC は変わらない

務活動の影響を受けずに、本業のビジネスの効率を測定できるのが ROIC の特徴です。

　一方、財務活動も含めて効率を最大化しようというのが ROE の目的です。自社株買いを行うと、発行済株式数が減少するため、1 株あたりの利益が増加します。株式市場では、一般的にこれを好感し、株価が上昇する傾向があります。ただし、会社がさらに借り入れを増やして自社株を買い進めると、株価はどうなるでしょうか？　この場合、株価は逆に下落していくことでしょう。なぜなら、有利子負債が多くなることで倒産リスクが高まり、その結果、投資家が投資を控えるからです。

　図 2.9 で説明したような自己資本と有利子負債との比率を財務レバレッジといいます。ROE を管理指標とする場合は、自己資本と有利子負債との比率を合わせて管理する必要があります。

ROIC と ROA の違い（投下資本と総資産の違い）①

　ROA は総資産利益率です。ROIC との違いは、分母が総資産なのか投下資本なのかということと、分子の営業利益が税引前か税引後かとい

●図 2.10：総資産と投下資本の違いのイメージ①

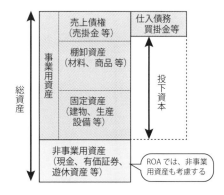

うことですが、ここではこのうち分母の違いについて考えていきます。

　図 2.10 を見てください。1 つめの違いは、ROA の定義で説明した
とおり、総資産には事業では直接使用していない非事業用資産も含ん
でいるということです。

　ROIC はビジネスに投下した元手（資金）を使ってどれだけ稼いだ
かを測る指標です。したがって ROIC の計算ではビジネスに使ってい
ない資産については考慮しないのが一般的です。一方 ROA はすべて
の資産に対してどれだけ稼いだかを測る指標なので、ROA の算定で
はビジネスには使っていない非事業用資産も含めることになります。
ビジネスに使っていない資産が多ければ ROA は低くなります。

ROIC と ROA の違い（投下資本と総資産の違い）②

　ROIC と ROA についてもう 1 つの違いを説明します。

　これまでの解説で、ROIC の算定式の分母になる投下資本の構成要
素は、株主より出資を受けた「自己資本」と借入金等の「有利子負債」
であると説明してきました。これは会社がどのように資金を調達して
いるのかということなのですが、どのようにビジネスに使われている
のかという別の観点から構成要素を考えることができます。

●図 2.11：総資産と投下資本の違いのイメージ②

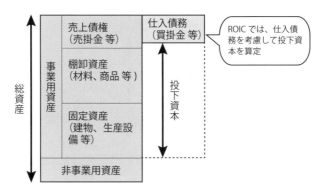

　図 2.11 を見てください。この図の左側は、ビジネスで資金がどのように使われているかを表しています。主に棚卸資産（商品を生産するための材料や、実際に販売する前の製品）や固定資産（工場の設備・建物等）の購入に使用されているのがわかるでしょうか？

　売上債権とは回収する前の売上代金のことです。

　売上債権は現金を回収するまでは別の商品を仕入れたり設備の購入に使うことはできず、ビジネス上、掛販売取引に資金を投下している状況にあると考えられます。したがって ROIC の計算では、売掛債権も投下資本の一部として考慮します。

　一方で仕入については、代金を後日支払うこともあります。

　後日支払う購入代金のことを仕入債務といいます。この場合、購入代金は後日支払えばよいので、支払うまでの間、購入代金分はビジネスの元手（資金）としては必要ありません。

　このように考えると、投下資本は**図 2.12** のように表すことができます。この式で計算された投下資本金額で ROIC を計算することについて考えてみましょう。

　投下資本の算定では、売上債権は投下資本に算入し、仕入債務は投下資本から控除します。これは、ビジネスに必要な元手（資金）の額をできるだけ純額（NET）で把握するのが ROIC の計算の考え方だか

●図2.12：投下資本の計算式

投下資本 ＝ 売上債権 ＋ 棚卸資産 ＋ 固定資産 － 仕入債務

らです。

　改めて**図2.11**を見てください。仕入債務の金額の大きな会社では、投下資本が小さくなるため、その結果としてROICは高く計算されます。いい換えると、仕入代金の支払いを遅らせることができる会社はその分必要な資金（ビジネスへ投下する投下資本）が少なく済むので、ROICが高くなるということがわかってもらえるでしょうか？

　ROAでは総資産をベースに儲けの割合を測りますが、ROICでは投下資本をベースに儲けの割合を測ります。この差は微妙な違いに思われるかもしれませんが、あらためて整理してみましょう。

　総資産では考慮するのに投下資本では考慮しないものは、非事業用資産です。一方、投下資本では考慮しても総資産では考慮していないものは仕入債務です。

　ROAもROICと同様に会社の資産項目に対する儲け（利益）の割合を測るものです。非事業用資産の金額が小さく、かつ仕入債務の金額も小さい会社では、ROAもROICもほぼ同じ算定結果となりますが、会社によっては仕入債務や非事業用資産の管理が重要な会社もあるでしょう。

　非事業用資産の活用促進が重要課題であれば、ROAを管理指標とすることが有効ですし、仕入先との取引条件のコントロールが重要なビジネスであれば、ROICを管理指標とすることで、できるだけ仕入債務を大きくする（代金支払を遅らせる＝キャッシュを手元に残す）というインセンティブが働くようになります。

　管理指標はビジネスの特徴や課題に合わせて何を使うかを決めていくものなので、「他社がやっているから」とか「世の中で流行っているから」といって選択するものではないことに注意しましょう。

⬤5 貸借対照表（B/S）とは？

●貸借対照表（B/S）とは何か？

　本書のテーマである ROIC を理解するために避けては通れないのが、貸借対照表（B/S）の理解です。コラム 02 の「財務 3 表は何を表しているの？」では、貸借対照表（B/S）とはある時点でその会社にある資産や負債などの残高を表したものだと説明しました。貸借対照表（B/S）は決算書の中でも、決算日という特定のタイミングで切り取ったものです。

　貸借対照表（B/S）の中身を見てみましょう（**図6**）。

●貸借対照表（B/S）の基本的な構成

　貸借対照表（B/S）は左右に大きく 2 つに分かれます。右側を貸方（かしかた）、左側を借方（かりかた）といいます。貸方と借方を対照させた表なので、貸借対照表と和訳されました。

　このうち右側、すなわち貸方は、さらに「負債」と「純資産」に分かれます。左側の借方全体を「資産」といいます。

　それぞれ何を表しているかというと、貸方（右側）はその会社がどうやって資金を調達したのかを表しています。借方（左側）はその会社が資金を何に使っているのかを表しています。

●資産とは何か？

　貸借対照表の借方の資産の部についてもう少し詳しく見てみましょう。**図7** を見てください。

　資産の部はさらに、流動資産と固定資産の 2 つに分かれます。

●図6：貸借対照表（B/S）の基本構成

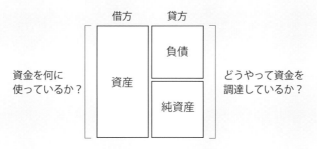

借方　　　貸方

資金を何に
使っているか？

資産

負債

純資産

どうやって資金を
調達しているか？

●図7：貸借対照表の資産の部

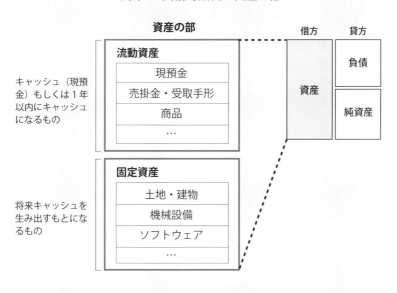

資産の部

キャッシュ（現預
金）もしくは１年
以内にキャッシュ
になるもの

流動資産

現預金

売掛金・受取手形

商品

…

借方　　貸方

資産

負債

純資産

将来キャッシュを
生み出すもとにな
るもの

固定資産

土地・建物

機械設備

ソフトウェア

…

　財務会計では、期間の長さを分けるときに、「流動」と「固定」
という言い方で使い分けしています。この場合、流動資産は会
社の資産の中でおよそ１年以内にキャッシュになるような資産

のことです。具体的には、商品や売掛金などです。一方、固定資産は長期にわたってビジネスで使用する会社の基盤ともいえるような資産です。具体的には、会社の持っている土地や建物、工場や機械設備などです。顧客に提供する資産というよりも、製品や商品を生み出す元になる資産になります。

　資産の部に計上されているそれぞれの資産は、企業活動の過程で出たり入ったりするものです。商品が売れれば残高は減少しますし、新たに仕入れを行えば増加します。代金を回収すれば売掛金は減少して現預金が増加します。

●負債とは何か？

　次に、負債とは何かを考えてみましょう。

　貸借対照表の右側（貸方）は、会社がどのように資金を調達しているかを表していると説明しました。その中でも負債は、金融機関や取引先など企業の外部から調達した資金の内容を示しています。このため、負債のことを他人資本という呼び方をすることもあります。

　負債も、その期間に応じて流動負債と固定負債に分かれます（図8）。

　「流動」と「固定」の考え方は、資産の部と同じです。1年以内にキャッシュの流出につながるような負債を流動負債といい、1年以上先の将来にキャッシュの流出につながるような負債を固定負債といいます。買掛金や未払金など商品仕入や備品の購入などの代金の未払い分は、通常1年以内に支払われる負債なので、流動負債になります。また、金融機関からの借入金などは、1年以内に返済が必要なものと1年以上先に返済期日が来るものに分けて、流動負債と固定負債にそれぞ

●図8：貸借対照表の負債の部

借方　　貸方　　　　　　　負債の部

資産	負債
	純資産

流動負債
- 買掛金・支払手形
- 未払金
- 短期借入金
- …

1年以内にキャッシュの支出につながるもの

固定負債
- 長期借入金
- 社債
- …

1年以上先にキャッシュの支出につながるもの

れ計上します。

　いずれにしても、負債の部に計上されているものは、他人資本というとおり、会社にとっては他人から調達した資金であり、遅かれ（固定負債）早かれ（流動負債）返済が必要な資金となります。

●純資産とは何か？

　負債のことを他人資本と呼ぶのに対して、純資産は会社の所有者である株主が出資した資金が計上されていることから、自己資本と呼ばれます。他人資本は返済が必要な資金だと説明しましたが、自己資本は株主が出資した資金なので、その資金そのものを返済する必要はありません。

　純資産の内容としては、株主から出資を受けた資本金や資本準備金のほか、企業活動によって得られた最終的な利

益である利益剰余金が計上されます。このように、純資産は株主より出資を受けた資金と、それを元にビジネスを行って最終的に会社に残った利益の合計ということになります。

●図9：貸借対照表の純資産の部とは

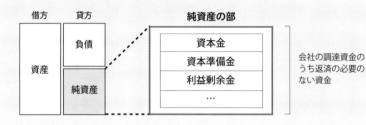

2 ROIC で事業を評価する

美咲

「木戸先生！　ROICのことがだいぶわかってきました。でも、なんでうちの会社がROIC経営をすることになったんでしょうか？」

木戸先生

「とてもいい質問だね。それは、事業を評価するという点ではROICのほうが優れているといえるからだよ」

健太

「美咲ちゃんの会社のように、多くの事業をやっている会社にこそROICは導入すべき経営指標なんだ」

美咲

「それって、事業ポートフォリオ管理のことですか？」

木戸先生

「そう！　事業ポートフォリオ管理を行うためには、事業ごとに元手に対する儲けを把握する必要があるよね？」

美咲

「ROICを事業ごとに計算するってことですか？」

事業とは何か？

　事業とは会社が戦略を立案・実行する単位のことです。事業をどの
ように区分するかは会社によって異なります。美咲さんの会社では、
家電製品、医療機械というように製品別に事業を区分していますが、
他にもコンシューマー事業、機械産業事業というように、顧客や市場
別に事業を区分する場合もあります。

　事業をどのように分けるのかは会社によってさまざまですが、事業
別管理という場合には、その事業のバリューチェーンに関わる活動の
すべてを集めて業績の把握を行います。たとえば、家電事業であれば、

●図 2.13：事業別 ROIC の算定イメージ

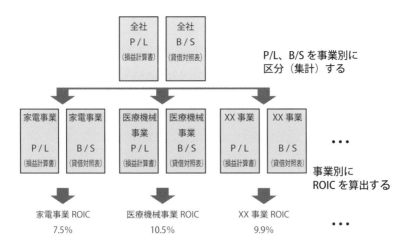

会社の中で家電に関わるマーケティング・製品開発、調達・製造、営業・販売、物流等のバリューチェーンについて、あらゆる収益・費用、資産・負債を集計して管理することになります。

事業別 ROIC の算定プロセス

事業別 ROIC の算定方法を説明します。**図 2.13** を見てください。事業 P/L や事業 B/S の具体的な作成方法については、後ほどあらためて説明しますが、P/L、B/S を事業別に分けて、各事業の利益金額と投下資本金額を用いて ROIC を算出します。

事業ポートフォリオ管理

経営管理に ROIC を用いる目的の多くは、事業ポートフォリオの管理です。事業ポートフォリオ管理とは、会社のビジネスをいくつかの事業に分けて、それぞれの事業に対する経営資源の配分や事業運営の方針を決めることです。**図 2.14** を見てください。この図は、横軸に事業ごとの ROIC、縦軸に売上高の伸び率を表しています。円の大きさは、売上高の大きさ（事業規模）です。

グラフの右へいくほど、ROIC が高い事業です。言い換えれば、元手（資金）に対して効率よく稼いでいる事業だといえます。さらに上にいくほど売上高の伸び率が高いため、成長性も高い事業だということがわかります。つまり、右上へいくほど、資本効率が高く成長事業と考えられ、会社としては積極投資を考える事業ということです。逆に左下に配置される事業は、投資効率が悪く、成長性も低いということになり、何らかのてこ入れが必要な事業だといえます。あくまで会社内での相対的な評価ではありますが、限られた経営資源をどこに配分するかを検討する一助にはなります。一般的には、**図 2.15** のように領域を区分して、会社全体の事業を管理していきます。

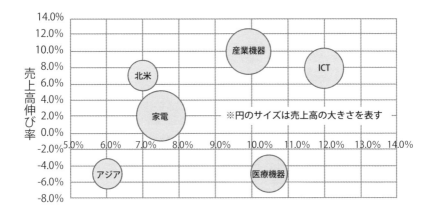

●図 2.14：ROIC を用いた事業ポートフォリオ管理のイメージ

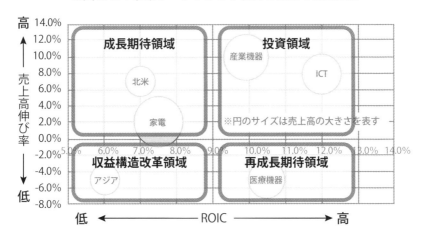

●図 2.15：事業ポートフォリオ管理のための領域区分

事業ポートフォリオ管理の必要性

　これまで説明したとおり、日本の多くの会社が複数事業を営むことになってきた背景には、国内経済の成熟があります。祖業での成長が頭打ちとなった多くの日本企業が、新たな成長機会を求めて新たな事

業を展開したり、新規の市場へ進出したりしました。

　どんな会社でも経営資源が無限にあるわけではありません。ここで
の経営資源とは、主にビジネスのための資金や人材をイメージしてく
ださい。限られた経営資源を有効に活用するためには、相対的に儲か
る事業に資金や人材を投下する必要があります。また、相対的に儲か
らない事業については、場合によってはその事業から撤退して、投下
していた経営資源を引き揚げることも考えなければなりません。

　事業を多角化する企業は、常に個々の事業の成長性や収益性を評価
し、事業をうまく入れ替えながら会社全体の成長を図る必要があるの
です。

なぜ事業の管理に ROIC が有用なのか

　なぜ事業の管理に ROIC が有効なのか、3 つの点から解説します。

① 事業ポートフォリオ管理に使える

　ROIC を用いた事業ポートフォリオ管理のイメージを見てきました。
経営陣は投資家の目線で個々の事業に投資し、投資に対してどれだけ
効率よく稼いでいるのかを ROIC を用いて管理できます。

② 事業の目標管理に使える

　ROIC はまた、事業ごとの目標指標ともなります。多くの会社では、
中長期の経営計画を作成していますが、ROIC が事業の目標指標の 1
つとなります。詳細は後ほど説明しますが、ROIC は目標値達成のた
めに施策を展開することも可能なので、事業管理に有効な指標となり
ます。

③ 事業別 B/S の算定が比較的簡単

　事業ごとの資産効率の比較に ROIC が用いられる理由の 3 つめは、

●図2.16：事業ROIC・事業ROE・事業ROAの算出方法比較

	ROIC（投下資本利益率）	ROE（自己資本利益率）	ROA（総資産利益率）
算定式	税引後営業利益／投下資本	当期純利益／自己資本	営業利益／総資産
事業別の算定	○比較的容易 ・営業利益は事業別に算出可能 ・事業別投下資本＝運転資本＋固定資産により算出可能	×難しい ・当期利益に含まれる営業外収支を事業別に区分することは困難 ・自己資本（株主資本）を事業別に区分することは困難	△やや難しい ・営業利益は事業別に算出可能 ・資産のすべてを事業別に分けることは困難
事業B/Sイメージ	売上債権／仕入債務／棚卸資産／固定資産（投下資本）事業ごとに売上債権、棚卸資産、固定資産、仕入債務を区分して作成	資産／その他負債／有利子負債／自己資本 自己資本を事業別に区分することが難しい	売上債権／仕入債務など／棚卸資産／有利子負債／固定資産／自己資本／その他（総資産） 仕入債務の大きさは事業評価に考慮されない
事業の評価	○ 事業への投下資本に対する儲けの効率を図ることができる	× 事業別の自己資本が合理的に算定できないため事業評価は困難	△ 仕入債務の多寡が事業評価に反映できない

実務上ROIC算定用の事業別B/Sの作成が、比較的容易であることがあげられます。資産効率を表す指標には、ROICのほかにもROEやROAがあることは説明したとおりです。ここでは、事業別にROEやROAを算出できるかを考えてみましょう。**図2.16**を見てください。

　まず、事業別ROEです。事業別にROEを算出するためには、自己資本を事業別に区分する必要があります。この場合の自己資本とは、会社の資産における株主の持ち分となりますが、株主は会社の個別事業に対して投資しているわけではありませんから、これを事業別に分けるのはそもそも困難です。

　事業別ROAについても同様に見てみましょう。事業別にROAを算出して管理している会社はあります。このような会社では、B/S科目を事業ごとに分けて、事業ごとの総資産を算定することになります。ただし、資産の中には本社ビルのように共通的に使用している資産も

●図 2.17：事業別投下資本の計算式

> 事業別投下資本 ＝ 事業別運転資本（売上債権 ＋ 棚卸資産 − 仕入債務）
> 　　　　　　　　＋ 事業用固定資産

あり、すべての資産を個々の事業には分ける必要があります。

　事業別 ROIC の算定においても、会社はもともと事業別に B/S を作成していないことが多いので、事業別 B/S の作成は簡単ではありません。ただし、ROIC 経営を導入している会社の多くは、実務上事業別 B/S を作成する際、すべての資産を事業別に区分するのでなく、運転資本と固定資産だけを事業別に区分して作成しています。

　事業別投下資本の算定式は**図 2.17** のとおりです。

　ここで計算される投下資本は、ROIC の定義にもかなっており、事業遂行のために個々の事業に投下されている元手（資金）を表しています。ここで説明した考え方による事業別 ROIC の算定については、第 3 章であらためて説明します。

06 事業ポートフォリオ管理とは？

●事業ポートフォリオ管理とは

　本書のテーマである ROIC を導入するほとんどの会社の目的は、事業ポートフォリオ管理を行うことです。事業ポートフォリオ管理とは、その会社の複数の事業の中で、どの事業に経営資源を配分し、どの事業を撤退させるのかを見極めることです。このとき、事業に対して経営資源の配分、すなわち積極投資を行うかどうかの判断基準の１つとして、ROIC を用います。

　事業ポートフォリオ管理という考え方自体は、ROIC 経営がもてはやされるようになる以前からあります。事業ポートフォリオ管理のための代表的な手法である PPM（プロダクト・ポートフォリオ・マネジメント）をご紹介します。

● PPM（プロダクト・ポートフォリオ・マネジメント）

　1970 年代に、ボストンコンサルティンググループ（BCG）が提唱した考え方です。事業ポートフォリオ管理といえば PPM といわれるくらいよく知られた手法です。**図10** を見てください。

　PPM では、自社の事業を２軸の領域にプロットして、相対的な位置付けを比較します。縦軸には市場成長率を、横軸には相対的マーケットシェアをとります。そして円の大きさで売上（事業規模）を表します。

　縦軸、横軸のそれぞれは、高低の基準で４つの領域に区分す

ることができます。自社の事業がどの領域に位置付けられるか
を把握することで、それぞれの事業に対する経営資源配分の方
針を検討することができます。これら4つの領域について説明
します。

●花形：Star

市場成長率が高く、かつ自社のマーケットシェアも相対的に
高い領域にプロットされる事業を「花形」と呼びます。将来性
も抜群で現時点でも競合優位な状況にあるので、まさに花形と
呼ぶにふさわしい事業です。このような事業は多くの収益を生
みますが、市場成長の中で競争力を確保するために多くの投資
も必要となりがちです。

●金のなる木：Cash Cow

市場成長率は低いがマーケットシェアの高い領域のことを
「金のなる木」と呼びます。市場成長率が低いということは、

●図10：PPM（プロダクトポートフォリオマネジメント）

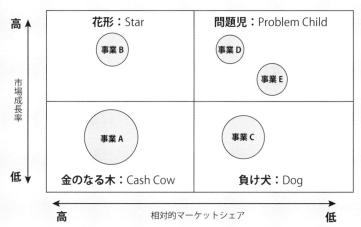

その市場が成熟市場であることを表しています。市場規模が小さいという意味ではなく、むしろ市場規模自体は大きいことが普通です。

　新たな製品やサービスをマーケットに投入する場合、その初期の段階で市場は急激に成長しますが、ある程度の規模になると成長スピードは鈍化してきます。この領域の事業は、大きく成長した市場の中で確固たる地位を築いている事業だといえます。十分な収益が期待できるとともに、安定した市場のため多くの投資は必要としません。

●問題児：Problem Children

　市場成長率は高くても、自社のマーケットシェアが低い領域のことを「問題児」と呼びます。市場自体は成長の真っ只中にありながら、競合他社との競争ではイマイチ勝ちきれない、なんとも歯がゆい事業になります。「問題児」という表現を初めて目にしたとき、まさに言い得て妙と感心しました。競争に勝ち切れていないのですから、収益が上がらないにも関わらず、成長市場の競争に追随するために、多くの投資や販売費を投入せざるを得ないというのが、この領域の特徴です。

●負け犬：Dog

　市場成長率が低く、かつマーケットシェアも低い領域に位置付けられる事業のことを「負け犬」と呼びます。市場は既に成熟期もしくは衰退期に入っている中で、競合との競争でも負けている状況にある事業です。仮に大きな市場だとすれば、相応の収益は期待できたとしても、競合に対してシェアを逆転させるには相当な投資が必要となります。

●事業ポートフォリオを管理するとはどういうことか？

PPMの４つの領域を説明してきましたが、これらの領域に位置付けられた事業に対して経営資源を配分する理想的な流れについて説明します。

まずは、配分のもとになる資金を稼いでいるのは「金のなる木」の事業です。ここで稼いだ資金の配分先としては、２つの考え方があります。花形事業へ投入し、成長市場における地位を確固たるものにするか、問題児事業へ投資して花形事業への転換を目指すかです。どちらにも配分できる資金があれば問題ありませんが、投資資金が限られるならば、どのような資源配分を行うかが経営者の腕の見せどころだといえます。

●図11：事業ポートフォリオを管理するということは

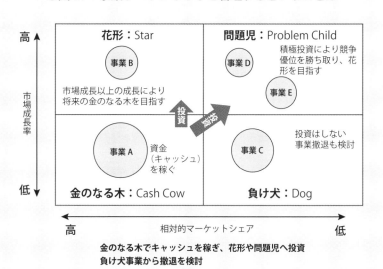

金のなる木でキャッシュを稼ぎ、花形や問題児へ投資
負け犬事業から撤退を検討

健太

「美咲ちゃん、会社でROIC経営を導入したんだよね？　何か仕事で変わったことはあった？」

美咲

「いまのところあんまり変わってませんね。わたしは営業なので、あまり関係ないと思ってるんですが…。そういえば来年度から予算のつくりかたが変わるって聞きました。ROICの導入と何か関係あるんでしょうか？」

木戸先生

「ROICは事業管理に有効だという説明はしたよね？　ROICで事業管理をするということは、営業活動の管理にも使えるということなんだよ。だから、営業活動の管理のやり方が変われば、予算のつくり方も変わってくるよね」

美咲

「営業活動の管理にROICが使えるんですか？　先生、イメージが湧きません」

> **POINT**
> ○ ROIC は分解して考えることができるということを理解する
> ○ ROIC を分解することで、改めて ROIC とは何かを理解する
> ○ ROIC を改善するためには何を改善すればよいのかを理解する

ROIC の改善アプローチ

経営管理では、ROIC のような指標を目標指標や結果指標と呼ぶことがあります。これは、ROIC が会社内の特定の活動に直接結び付くものではなく、さまざまな活動の結果として表される指標だからです。

●図 2.18：ROIC の算定式

$$\text{ROIC（投下資本利益率）} = \frac{\text{税引後営業利益}}{\text{投下資本}}$$

ここで改めて ROIC の算定式を見てみましょう。**図 2.18** を見てください。

これまで説明したとおり、ROIC とは投下資本に対する税引後営業利益の比率を表すものでした。まずは、この式に基づいて ROIC をどのように改善していくかを考えてみましょう。ここでは、3 つのアプローチを考えていきます。

ROIC の改善アプローチ①：利益を増やす

図 2.19 を見てください。ROIC の算定式の分母である投下資本がそのままの場合、分子の税引後営業利益を増やせば ROIC は高まります。経営管理に ROIC を導入せず、P/L 中心の業績管理を行っている会社の業績改善施策と同じです。現行のビジネスで、売上増加や原価低減、

販管費などの費用削減を行い、利益を増やす施策です。具体的な施策については後ほど『ROICツリー』の中で説明しますが、ここでは、投下資本を増やさずに利益を改善すれば、ROICが改善することを理解してください。

●図2.19：ROICの改善アプローチ①

$$\text{ROIC（投下資本利益率）} = \frac{\text{税引後営業利益} \uparrow}{\text{投下資本}}$$

利益を増やす

ROICの改善アプローチ②：投下資本を増やして、それ以上に利益も生み出す

2つめのアプローチは、図2.20のとおりROICの算定式の分母である投下資本を増やし、それ以上に利益も増やすということです。投下資本を増やすとは、すなわち何らかの投資をするということですから、合理化のために設備投資をして、その結果として原価を低減させることで利益を増やしたり、M＆Aによって売上や利益を拡大させるような施策を指します。

このアプローチで重要なのは、ただ単に投資を行うことで規模を大きくするだけではROICは改善せず、投下資本の増加を上回る利益を生み出す必要があるということです。

●図2.20：ROICの改善アプローチ②

$$\text{ROIC（投下資本利益率）} = \frac{\text{税引後営業利益} \uparrow\uparrow}{\text{投下資本} \uparrow}$$

投下資本を増やし、それ以上の利益を生み出す

ROIC の改善アプローチ③：利益を減らさずに投下資本を減らす

ROIC 改善アプローチの 3 つめは、ROIC 算定式の分母である投下資本を減らすことです（**図 2.21**）。不要な資産など利益に貢献していない資産を処分して、投下資本自体を減少させる施策を指します。滞留債権の回収や処分・滞留在庫の処分が代表的な施策となります。

●図 2.21：ROIC の改善アプローチ③

利益を減らさず、投下資本を減らす

$$\text{ROIC（投下資本利益率）} = \frac{\text{税引後営業利益}}{\text{投下資本}} \Big\downarrow$$

ROIC を改善するための 3 つのアプローチを説明しました。ROIC の算定式をイメージすることで、基本的な考え方がわかってもらえたでしょうか。

では次に、改善施策を具体的に検討するために、ROIC を分解しながら考えてみましょう。

ROIC を分解する

ROIC の算定式は**図 2.18** のとおりでした。この数式を変形していきます。**図 2.22** を見てください。

税引後営業利益は、「営業利益 × （1 −実効税率）」に変形することができます。ここでの実効税率とは実際の法人税率ではなく、営業利益の額をベースに会社が実際に支払う法人税額の割合から算出した率を使用します。

実効税率を下げるとは、税務コストを最小化することです。税金の支払い額が最小となるよう事業運営や投資を行えば、ROIC を改善させることができます。

$$\text{ROIC（投下資本利益率）} = \frac{\text{税引後営業利益}}{\text{投下資本}} = \frac{\text{営業利益} \times （1-\text{実効税率}）}{\text{投下資本}}$$

実効税率を下げることにより ROIC が改善できる

ROIC をさらに分解する

　続いて投下資本と営業利益をさらに分解していきます。**図 2.23** を見てください。

●図 2.23：ROIC 算定式の分解②

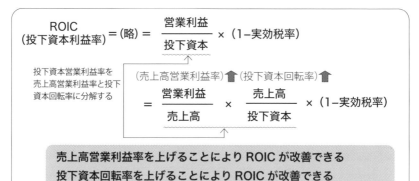

投下資本営業利益率を売上高営業利益率と投下資本回転率に分解する

$$\text{ROIC（投下資本利益率）} = （略） = \frac{\text{営業利益}}{\text{投下資本}} \times （1-\text{実効税率}）$$

$$= \frac{\text{営業利益}}{\text{売上高}} \times \frac{\text{売上高}}{\text{投下資本}} \times （1-\text{実効税率}）$$

（売上高営業利益率）　（投下資本回転率）

売上高営業利益率を上げることにより ROIC が改善できる
投下資本回転率を上げることにより ROIC が改善できる

　投下資本に対する営業利益の割合（投下資本営業利益率）は、さらに**図 2.23** の右辺のように、売上高営業利益率と投下資本回転率に分解することができます。

　売上高営業利益率とは、売上に対してどれだけ営業利益を上げているかを示すもので、いわゆる「収益性」を測る指標です。売上高営業利益率を高めることができれば、ROIC を改善することができます。

　投下資本回転率とは、たとえば 1 年間という期間で、投下資本

に対してどれだけ売上高を上げることができたかを表す指標です。この投下資本回転率を高めることでも ROIC を改善することができます。

ROIC をさらにもっと分解する

ROIC を売上高営業利益率、投下資本回転率、実効税率という 3 つの要素に分解することができました。さらに分解していきましょう。

まずは売上高営業利益率の分解です。

図 2.24 のように、売上高営業利益率は、営業利益を売上総利益と販管費（販売費・一般管理費）に分けることで、粗利率（売上高総利益率）と販管費率（売上高販管費率）を表すことができます。前述のとおり ROIC の改善には、売上高営業利益率を上げることが必要でした。この数値を上げるためには、売上高粗利率を上げるか、販管費率を下げるかしかありませんが、それができると ROIC の改善につながります。

続いて、同じように投下資本回転率を分解します。投下資本の概念

●図 2.24：ROIC 算定式の分解③－ 1（売上高営業利益率の分解）

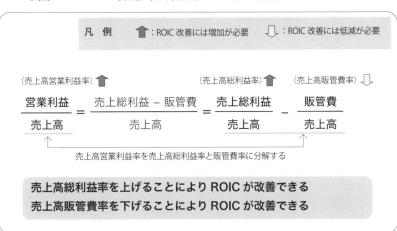

は**図 2.25** のとおりでした。この図を見れば明らかなように、投下資本は運転資本と固定資産に分解できるので、投下資本回転率は、そのまま運転資本回転率と固定資産回転率に分解できます。投下資本を分解したのが**図 2.26** です。

●**図 2.25：投下資本と運転資本のイメージ**

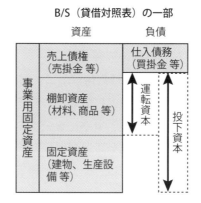

●**図 2.26：ROIC 算定式の分解③－ 2（投下資本回転率の分解）**

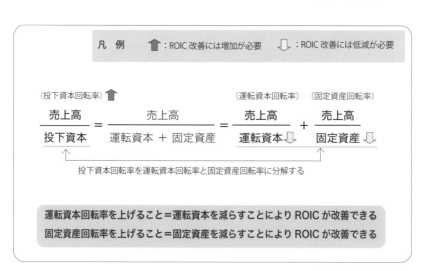

これまでの説明と同じように、運転資本回転率を上げることでも、固定資産回転率を上げることでも ROIC を改善できます。

ROIC をもっともっと分解する

続いて、運転資本回転率をさらに分解していきましょう。運転資本は**図 2.25** のとおり売上債権、棚卸資産、仕入債務に分解することができます。**図 2.27** を見てください。

運転資本回転率を上げることで、ROIC は改善します。ここでもこれまでと同様に、売上債権を減らすこと、棚卸資産を減らすこと、仕入債務を増やすことが ROIC の改善につながります。

売上債権や棚卸資産を減らすというと仰々しく聞こえますが、販売先からの代金の回収を早めたり、商品の在庫を減らすといった普段の事業管理で行っていることです。普段の活動でも、結果として ROIC の改善につながることになります。

●図 2.27：ROIC 算定式の分解③－ 3 （運転資本回転率の分解）

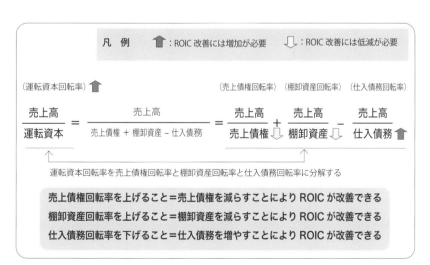

ROIC ツリーで改善施策を見える化する

　ここまで、ROIC の計算式を分解して、ROIC を改善させる施策を具体的に考えてきました。ROIC の構成要素を細かく分解しながら、ROIC の改善につながる因果関係をツリー構造で整理したものを ROIC ツリーと呼びます。また、ROIC ツリーのような経営管理指標を因果関係に基づいて分解した図を指標展開図と呼びます。

　図 2.28 を見てください。

　ROIC の結果から、ROIC ツリーの因果関係の構成要素を辿っていくことで、ROIC がよくなったこと、悪くなったことの原因を把握することができます。

●図 2.28：ROIC ツリー

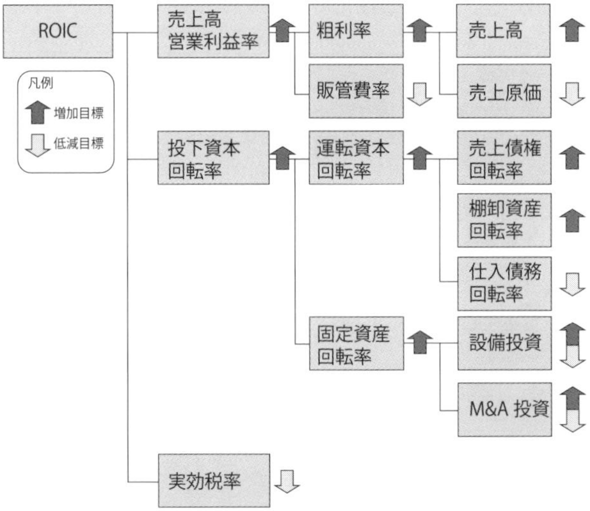

ROIC ツリーを使って改善施策を策定する

　ここからは、ROIC ツリーを用いて施策を具体化するイメージを見てみましょう。

　図 2.29 の ROIC ツリーを用いた施策の展開では、ROIC だけではなく売上高を最上位に置いた指標展開図となっています。

　これまで説明したとおり、ROIC は効率性を表す指標です。実際の経営管理の場面では、効率性だけでなく、会社のビジネスの成長そのものも目標指標としておくことが多く、その場合はやはり売上高を目標指標とします。このツリーは、資産効率を上げながら成長を目指す企業の指標展開図だと理解してください。

　ここまで、ROIC という 1 つの指標から出発して、さまざまな構成

●図 2.29：ROIC ツリーを用いた施策の展開イメージ

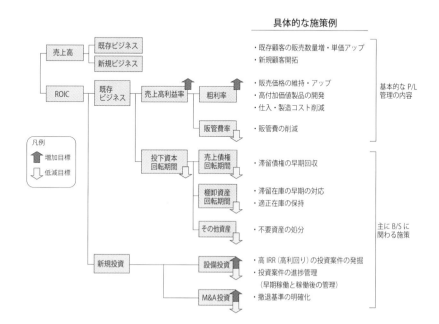

要素に分解し、さらにその改善のために施策まで落とし込むという流れを説明してきました。この**図 2.29** では、簡単に施策までブレイクダウンしていますが、ROIC 経営の実務の場面では、ここまでのプロセスでさまざまな課題に直面することになります。どのような課題があってどのような解決策があるかについては、この後の章であらためて説明していきます。

木戸先生の経営管理講座

自己資本比率と財務レバレッジ

【自己資本比率とは】

　会社の元手のうち自己資本の割合のことを「自己資本比率」と呼び、以下の計算式で算出します。

自己資本比率（％）＝自己資本 ÷ 総資本（他人資本＋自己資本）× 100

　これまで説明したとおり、自己資本は返済の必要がない資金なので、自己資本比率とは言い換えれば「会社の使っている資金のうち、返さなくてよい資金の割合」ということができます。このような言い方をすると、自己資本比率が高いほうが安心だと感じませんか？　実際、この自己資本比率という指標は企業の財務分析でもよく用いられ、高いほど会社の財務は健全（安全）であるとみなされます。

【財務レバレッジとは】

　自己資本比率によく似た指標で、財務レバレッジと呼ばれる指標があり、以下の計算式で算出します。

財務レバレッジ（倍）＝総資本（他人資本＋自己資本）÷自己資本

　自己資本比率と同様に言い換えれば、財務レバレッジとは「自己資本の何倍の元手を使ってビジネスを行っているか？」となります。先ほど自己資本比率は安全性の度合いを表す指標だといいましたが、まさにその逆数である財務レバレッジという指

標は、会社がリスクをどの程度とっているのかを表している指標だといえます。

【自己資本比率と財務レバレッジの適正水準とは】

　では次に、自己資本比率と財務レバレッジの適正な水準について、考えてみましょう。

　自己資本比率の説明の中で、自己資本比率とは会社の財務の健全性（安全性）を表す指標だと説明しました。ここでは、自己資本比率は高ければ高いほど良いという意味にも取れます。ここで少々極端ですが、元手がすべて自己資本の会社があったとしましょう。図12のX社のような会社です。

　この場合、自己資本比率は100％となり、財務レバレッジは1倍となります。借金を返済する必要がないので、確かに倒産の危険は低いと考えられます。

　ここで、もう1社、他人資本もあるY社を考えてみましょう。図12のY社のとおり、自己資本はX社と同じ100ですが、

●図12：X社とY社

X社

| 総資本 | 自己資本
100 |

自己資本比率 = 自己資本100 ／総資本100 × 100 = 100％

財務レバレッジ = 総資本100 ／自己資本100 = 1倍

Y社

| 総資本 | 他人資本
150 |
| | 自己資本
100 |

自己資本率 = 自己資本100 ／総資本250 × 100 = 40％

財務レバレッジ = 総資本250 ／自己資本100 = 2.5倍

他人資本150を調達して、総資本250の資金でビジネスを行っている会社です。Y社の自己資本比率は40％、財務レバレッジは2.5倍となります。

　Y社は、事業に必要な元手の40％は自己資本でまかなっていますが、60％は他人資本を調達している会社です。必要な元手の半分以上が返済しなければならない資金ですから、Y社の経営の方が危なっかしい印象を受けます。

　Y社について、少し言い方を変えてみましょう。Y社は、「他人資本150を調達することにより、株主より調達した自己資本100の2.5倍の資金を元手にビジネスを行っている」ということもできます。これならば、すこし前向きな印象になるでしょうか？

　Y社は確かに、自己資本比率という観点からすると、X社よりも危なっかしい会社かもしれませんが、一方でX社の2.5倍の元手の資金を使ってビジネスを行っており、X社よりも多くの儲けが期待できる気がします。同じ100の投資を行っている株主の視点で考えると、どちらの会社がよいといえるでしょうか？

　結論として、自己資本比率や財務レバレッジは、高ければよい、低ければよいという指標ではありません。会社が自社のビジネス（業種）や競争環境、または市場環境を踏まえて、適切な目標値を設定すべきものです。事実、多くの会社がIRにおける決算説明資料の中で目標値を設定しています。自己資本比率と財務レバレッジのどちらの指標で目標値を置くかは会社によって異なりますが、「自己資本比率」を目標に置いている会社は、株主などのステークホルダーに対して自社の財務の健全性をアピールしており、「財務レバレッジ」を目標にしている会社は、むしろ自社がリスクをとることに対する積極性をアピールしているのです。

第**3**章

ROIC を
計算してみよう

B/S、P/L を使って ROIC を計算してみよう

なぜ ROIC 経営が求められているのか、理解して
もらえましたでしょうか？

第 3 章では、ROIC を実際に計算していきます。
会社全体の ROIC を算出するのは、さほど難しく
はありません。しかし、事業別 ROIC を求めるた
めには、全社の資産・負債を事業別に分けていく
必要があり、事業別 ROIC 管理を推進するうえで
とても重要な準備作業になります。

事業別 ROIC を算出できるかが ROIC 経営のキー
ポイントです。皆さんの会社を具体的に想像しな
がら一緒に考えていきましょう。

健太

「美咲ちゃん、ROIC が営業活動にも使えるってわかったかな？」

美咲

「はい、今管理している指標とも親和性があるなって思いました」

木戸先生

「ところで美咲ちゃんは、自分の会社の ROIC がどのくらいなのかわかっているかな？」

美咲

「そういえば、社内でもまだ発表されていないのでわからないです」

木戸先生

「ROIC の計算方法は覚えているかな？」

美咲

「ええっと…、もう一度教えてください！」

POINT

○ 税引後営業利益と投下資本の算出方法を理解する
○ 会社の財務諸表をもとに ROIC を計算してみる

会社全体の ROIC を計算してみよう

では、ROIC を実際に計算していきます。まずは、全社の P/L、B/S を用いて、会社全体の ROIC を計算してみましょう。

改めて、**図 3.1** の ROIC の算定式を確認してください。

まず、分母の投下資本について説明します。投下資本には 2 つの計算方法があることを説明しました。1 つめは「どうやって調達したのか」という考え方、2 つめは「何に使っているのか」という考え方です。改めてそれぞれの考え方を確認してみましょう。

1 つめの「どうやって調達したのか」とは、株主から調達した「自己資本」と金融機関等の債権者から調達した「有利子負債」から計算する方法になります。

また、2 つめの「何に使っているか」は、商品や材料の仕入債務や代金を回収するまでの売掛金等の「運転資本」と、工場や機械設備等の「固定資産」から計算する方法です。

どちらの考え方でも、概念上は同じ額になります。改めて B/S を元に説明しましょう。**図 3.2** を見てください。

●図 3.1：会社全体の財務諸表を用いた ROIC の算出方法

$$\text{ROIC}_{(\text{投下資本利益率})} = \frac{\text{税引後営業利益}}{\text{投下資本}} \fallingdotseq \frac{\text{営業利益} - \text{税金費用}}{\text{有利子負債} + \text{自己資本}}$$

●図 3.2：B/S（貸借対照表）上の「投下資本」の概念

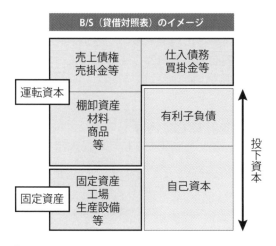

「投下資本」
＝① 自己資本（株主資本）＋ 有利子負債
＝② 運転資本 ＋ 固定資産
＝（売上債権 ＋ 棚卸資産 － 仕入債務）＋ 固定資産

　B/S をこのように分けると、投下資本が 2 つの考え方で整理できることがわかるでしょう。後ほど、① 投下資本 ＝ 自己資本 ＋ 有利子負債 という計算式で ROIC を算出するので、この計算式を覚えておいてください。

　続いて、ROIC の計算式の分子となる税引後営業利益についても、P/L を見ながら考えます。図 3.3 を見てください。

　「税引後営業利益」という項目は一般的な P/L にはありませんが、ROIC では「税引後営業利益」という金額を算出します。ROIC で「税引後営業利益」を使う理由を改めて考えてみましょう。

　ROIC で測定したいのは、「投下資本（元手の資金）をどれだけうまく使ってビジネスで儲けているのか」ということでした。資金の出し手の立場に立てば、「自分たちが拠出した資金で、最終的にはどれだけのリターンが得られるのか」を知りたくなります。これまで説明し

●図 3.3：P/L（損益計算書）上の「税引後営業利益」の概念

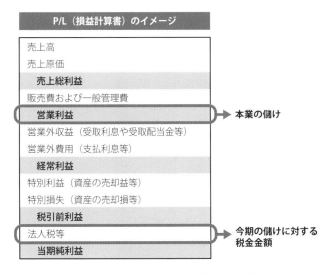

「税引後営業利益」という利益は P/L には存在しないため、
税引後営業利益は（営業利益 − 法人税等）で計算する

たように、本業のビジネスで儲けた利益は営業利益になりますが、利益には税金が発生します。そこで、法人税等の税金費用を除いた金額が資金の出し手の最終取り分になります。本業のビジネスの利益である営業利益から税金費用を引いた残りを、投下資本に対するリターンとして認識しようとするのが ROIC の考え方です。

ケースを用いて ROIC を計算してみる

　実際の財務諸表を用いて ROIC を計算してみましょう。

　計算用に、機械製造業 A 社の財務諸表を用意しました（**図 3.4**）。

　まずは P/L（損益計算書）を見てみましょう。売上高 300 億円で営業利益が 30 億円ですから、営業利益率は 10％となります。国内の製造業としてはまずまずの優良企業だといえます。

　続いて、B/S（貸借対照表）についても A 社の特徴を見てみましょう。

●図3.4　A社（業種：機械製造業）の財務諸表

（単位：百万円）

P/L（損益計算書）	
売上高	30,000
売上原価	24,000
売上総利益	**6,000**
（売上総利益率）	**20%**
販管費	3,000
営業利益	**3,000**
（売上高営業利益率）	**10%**
営業外費用	500
経常利益	**2,500**
税引前利益	**2,500**
法人税等	500
当期純利益	**2,000**

（単位：百万円）

B/S（貸借対照表）		
現金	4,000	
売上債権	2,000	
棚卸資産	2,500	借
その他流動資産	6,500	方
流動資産	**15,000**	
固定資産	35,000	
総資産合計	**50,000**	
仕入債務	2,500	
その他負債	7,500	貸
有利子負債	20,000	方
負債合計	**30,000**	
純資産	20,000	
自己資本合計	**20,000**	

便宜上、B/S の左側（借方）と右側（貸方）を
縦に並べて記載していますが、内容は同じです

　売上債権と棚卸資産はそれぞれ 20 億円と 25 億円ありますが、仕入債務の 25 億円も加味すると、運転資本は 20 億円＋ 25 億円 － 25 億円で計算され、20 億円となります。

　とくに特徴的なのは固定資産です。総資産 500 億円に対して、固定資産は 350 億円です。A 社は製造業なので、資産の大部分を工場や製造設備が占めていることが推察されます。貸方を見ると、これらを賄うための資金をどのように調達しているかについてもわかります。

　まずは有利子負債が 200 億円あります。有利子負債は金融機関等から調達した資金です。また、自己資本が 200 億円あります。これは、これまでの説明のとおり株主からの出資分に相当します。厳密には株主が出資した金額そのものではありませんが、これまでのビジネス活動での利益の蓄積を含めた、その時点で株主に帰属する資金であるといえます。

投下資本額を計算する

　まずは ROIC の算定式の分母である投下資本の金額を計算します。**図 3.5** のとおり、投下資本は B/S（貸借対照表）の科目から計算します。投下資本額は「有利子負債 ＋ 自己資本」になるので、400 億円となります。

●図 3.5　投下資本額の計算

（単位：百万円）

有利子負債 ＋ 自己資本
＝ 20,000 ＋ 20,000 ＝ **40,000 百万円**

税引後営業利益を計算する

　続いて、税引後営業利益を計算します。**図 3.6** を見てください。

　税引後営業利益は、ここでは簡便的に「営業利益 － 法人税等」の算定式 で計算します。税引後営業利益は 25 億円となります。

●図 3.6：税引後営業利益の計算

（単位：百万円）

P/L（損益計算書）	
売上高	30,000
売上原価	24,000
売上総利益	6,000
（売上総利益率）	20%
販管費	3,000
営業利益	3,000
（売上高営業利益率）	10%
営業外費用	500
経常利益	2,500
税引前利益	2,500
法人税等	500
当期純利益	2,000

営業利益 － 法人税等
＝ 3,000 － 500 ＝ 2,500 百万円

●図 3.7：ROIC の計算

$$\text{ROIC（投下資本利益率）} = \frac{\text{税引後営業利益}}{\text{投下資本}} = \frac{2{,}500}{40{,}000} = 6.25\%$$

ROIC を計算する

　最後に ROIC を計算します。**図 3.7** を見てください。

　これまで計算した金額を計算式に代入してみると、ROIC は 6.25％
となります。この数値が高いのか低いのかは一概にはいえませんが、
まずは会社全体の ROIC を計算することができました。

　いかがでしょうか。会社の財務諸表（B/S と P/L）があれば、簡単
に ROIC を計算することができます。

08 木戸先生の経営管理講座
ROIC 経営における本社と事業の関係

ROIC 経営を導入する会社の事業とコーポレート本社との関係について考えてみましょう。

図13を見てください。ここでは、投下資本の 2 つの見方を説明します。

これまで「会社は資金を金融機関や投資家から集めて事業を行っている」と説明してきました。金融機関や投資家から得られた資金は、それぞれ有利子負債、自己資本として B/S に計上されます。有利子負債と自己資本を足し合わせると、会社全体の投下資本となります。

会社全体の投下資本がコーポレート本社からそれぞれの事業に投資され、各事業で事業活動の資金として使われます。事業活動への使われ方によって、運転資本（売上債権、仕入債務、棚卸資産等）や固定資産（建物、生産設備等）として B/S に計上されます。運転資本と固定資産を足したものが事業別の投下資本となります。

また、各事業には、コーポレート本社の期待以上のリターンが求められますし、会社全体には投資家の期待以上のリターン

●図13：ROIC 経営における事業と本社の関係イメージ

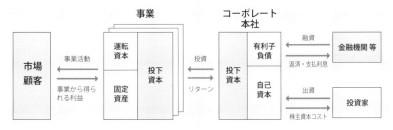

が求められます。なお、この投資家へのリターンのことを、会社側から見て株主資本コストといいます。

　以上のとおり、ROIC 経営におけるコーポレート本社は、事業部門から見ると投資家のような位置付けになります。

2 事業別に ROIC を計算するのは大変？

木戸先生
「健太君の会社では、事業別に ROIC を計算しているんだよね？」

健太
「そうですね。事業管理も ROIC でやっていますよ。美咲ちゃんの会社でも、事業別の ROIC を始めるっていってたよね？」

美咲
「来年度から始めるって聞いています。ただ、疑問があって…。私は本社勤務なんですが、本社の建物のような共通で使っている資産って、どうやって事業別に分けるんでしょうか？」

木戸先生
「いい疑問だね。事業別に ROIC を算出するには、いろんな工夫をする必要があるんだよ。じゃあ、一緒に考えてみよう」

POINT

○ 事業別に ROIC を計算するために、P/L、B/S を事業別に
分ける方法を理解する
○ 事業別の B/S を分ける場合に課題となる、共有資産の各事
業への配賦方法を理解する

事業別 ROIC を計算してみよう

まずは会社全体の ROIC を計算してみましたが、ここからは事業別に ROIC を計算していきます。

会社のマネジメントでは、ROIC は事業別に計算してこそ、その真価が発揮されます。事業別に ROIC を計算することで、事業ごとの業績の比較ができるからです。

まずは、事業別 ROIC の計算のための概念を説明します。**図 3.8** を見てください。

●図 3.8：事業別 ROIC 算出の流れ

① 事業別 P/L の作成

全社 P/L （損益計算書）	A事業 P/L	B事業 P/L	C事業 P/L	D事業 P/L

③ 事業別 ROIC の算出

	A事業	B事業	C事業	D事業
税引後 営業利益				
投下資本				
ROIC				

全社 B/S （貸借対照表）	A事業 B/S	B事業 B/S	C事業 B/S	D事業 B/S

② 事業別 B/S の作成

これまで説明してきたとおり、ROIC は「税引後営業利益 ÷ 投下資本」で計算するので、事業別に ROIC を計算するために、投下資本額と税引後営業利益を事業別に算出しなければなりません。そのため、P/L と B/S を事業別に分けて作成する必要があります。

多くの会社では P/L は事業別に作成していますが、B/S を事業別に作成している会社は多くありません。P/L と比べて、B/S を事業別に分けるのは簡単ではないので、事業別の B/S 作成が ROIC 経営を導入するハードルの 1 つになります。

事業 P/L、B/S 作成について学ぼう

最初に、事業 P/L の作成方法について説明します。

複数の事業を持つ会社であれば、事業別に P/L は作成しているはずなので、ROIC 経営を行うからといって特別に考慮することはありません。事業の収益性を正確に把握できるよう、収益と費用を事業別に区分して集計していれば、そのまま ROIC の計算に使用できます。

なお、直前の説明では、会社全体の P/L と B/S を事業別に分けてつくるというイメージで説明しましたが、実務では、会社全体の P/L、B/S を作成してから事業別に分けることはまずありません。会社の管理会計の実務では、収益・費用や資産の発生段階で、事業別に分けて記録していくことが必要です（**図 3.9** を参照）。

たとえば人件費であれば、事業部門の社員の給与は個々の事業に直接集計できます。このように、費用を特定の対象に直接集計することを「直課」といいます。一方で、人事部などのコーポレート本社の社員の給与は、特定の事業に直接集計できません。このような事業に直接集計できない費用は、なんらかの基準で各事業に配分することになります。このような費用の配分の仕方を「配賦」と呼びます。

事業 P/L や事業 B/S の作成において重要なのは、「改善や改革の切り口になる」ということを意識することです。単に ROIC だけを計算

するのであれば、事業別の投下資本額と税引後営業利益の額を計算することでこと足ります。しかし、ROIC を経営指標としてその改善を通じて改革を目指すのであれば、それを見越した事業 P/L や事業 B/S をつくる必要があります。

　第2章で「ROIC ツリー」を説明しましたが、事業 P/L や事業 B/S の各科目が ROIC ツリーの各項目と対応することになります。このとき、事業別に直課された項目についてはその事業だけで改善可能ですが、各事業に配賦された項目は、その事業だけでは改善できません。さきほどの例でいうなら、事業部の人件費は自部門の人員の調整によってコントロールできますが、人事部の人件費については事業部ではコントロールできないということです。

　本書では、事業 P/L の作成方法についての詳細な説明は割愛しますが、改善に使える P/L をつくるためには、できるだけ収益や費用は事業に直課することを意識してください。

●図 3.9：事業 P/L、B/S ができるまで

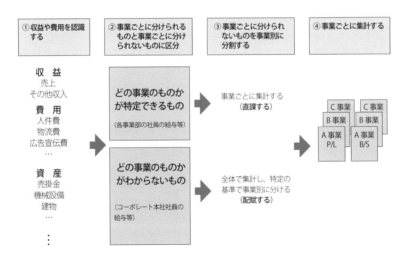

事業 B/S の作成ステップ①：事業用資産と非事業用資産を分ける

　次に事業別に B/S を作成する方法について考えていきましょう。

　ROIC 経営を進めるためには、事業 B/S を作成することが 1 つのハードルとなります。まず、ここでは B/S の内容を**図 3.10** のように 5 つに分けることを考えます。

　まずは「① 事業用資産」と「② 事業用負債」について考えてみましょう。

① 事業用資産

　事業活動で直接的に使用している資産です。製造業であれば、原材料や製品等の棚卸資産や生産設備等の固定資産、製品を販売したことで発生する売掛金のような債権も含みます。

　ここで事業用資産といっているのは、特定の事業に直課できる資産という意味ではないことに注意してください。ここで「事業用」と呼んでいるのは、事業活動に使用していることを指しています。後述する非事業用資産との区分だと理解してください。複数の事業に共通で使用されている生産設備や原材料、本社部門に計上されている本社建物や情報システム等の固定資産もこの事業用資産に含みます。

●図 3.10：事業 B/S 作成のための B/S の区分

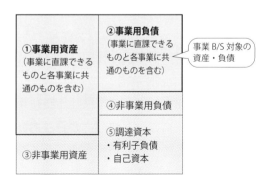

② 事業用負債

　事業運営のために必要な負債を、事業用負債として区分します。具体的には、買掛金等の仕入債務や、消耗品や光熱費等に対する未払金等が含まれます。「負債」という言葉からは、借入金も含まれるようにも思われますが、借入金は事業用負債には含みません。借入金は後述する調達資本として区分します。

③ 非事業用資産 と ④ 非事業用負債

　現在の事業では直接使っていないが、B/S には計上されている資産・負債は、非事業用資産、非事業用負債として区分し、事業 B/S には含めません。

　具体的には、現預金等の手元資金やその運用のために保有している有価証券、または撤退した事業の処分が完了していない遊休資産等が該当します。

　ただし、特定の事業における取引先との関係強化のために保有している株式や遊休資産でも、一時的に休止しているだけで、特定の事業に直接紐づけることができる資産などは、当該事業の B/S に計上します。

⑤ 調達資本

　株主から調達した株主資本や、金融機関等の債権者から調達した借入金・社債・リース債務等は、調達資本として区分します。

　事業 ROIC を算出するための事業別の投下資本は「運転資本 ＋ 固定資産」によって算定するので、調達資本は事業 B/S には計上しません。

　調達資本に計上するかどうか、実務上で論点になるのがリース債務です。リース債務はリース資産と紐づけができるため、事業に直課できる負債であると考えることもできます。しかし、実体はリース資産を担保にした借入金という性質であるので、有利子負債とし

て扱います。

　事業 B/S 作成の対象となる資産や負債について、理解してもらえたでしょうか？　続いて、事業 B/S の算出対象となった資産や負債をどのように事業別に分けるかについて説明します。

事業 B/S の作成ステップ② : 事業別に資産・負債を分ける

　図 3.11 を見てください。これまで説明したとおり、事業が特定できる資産・負債については、できる限り事業別に分けて集計することが基本的な考え方です。

　そのためには、資産・負債を計上する際に、事業別もしくは事業が特定できるような組織等に分けて記録しておくことが必要です。

　製品別に事業を区分している会社であれば、製品在庫は容易に事業別に区分できます。個々の製品を製造するための生産設備についても、特定の製品を生産するための専用設備であれば、事業別に区分することができるでしょう。また、売掛金等の売上債権についても、どの会社に何を売ったかがわかれば、事業別に区分できます。このように、まずは事業別に分けられるものはできるだけ分けて記録（記帳）してください。

●図 3.11 : B/S を事業別に区分する

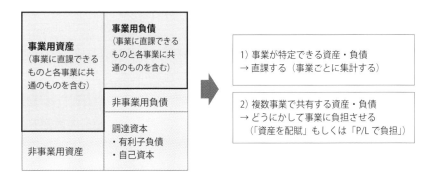

論点：直課できない事業用資産・負債は配賦すべきか？

　次に、複数事業で共有する資産・負債の取扱いについて考えていきましょう。管理会計の実務において事業 B/S を作成する場合、「共通資産を配賦するのか」「配賦するならばどうやって配賦するのか」は大きな論点になります。なお、ここからは「資産」を例に解説しますが、「負債」についても考え方は同じだと理解してください。

　複数の事業で共有する資産の取り扱いについては、

① 配賦して事業 B/S に計上すべき

② 共有資産は配賦せず管理対象外とする

の２つの意見があり、それぞれが一理ある考え方です。

　まず「① 配賦して事業 B/S に計上すべき」という主張の根拠は、「各事業に共通の事業用資産も、事業が間接的に使用しているのであれば、一定の配賦基準で各事業 B/S に負担させるべきである」という考え方です。共有資産の多い会社で事業が専有している資産だけを事業 B/S に直課してしまうと、資産が多い事業、そうでない事業とで差が出てしまい、事業別 ROIC による比較が難しくなるという弊害があるからです。

　一方、「② 共有資産は配賦せず管理対象外とする」という考え方は、各事業が直接保有する資産だけを事業 B/S で管理することができるため、他の事業との調整が不要になり、直接管理できる対象に専念できます。また、そもそも配賦しなければ、経理処理の手間も省けるというメリットもあります。配賦処理は会計システムの負荷も人作業の負荷も想像以上に高いものです。

　以上のように、事業 B/S を作成する際、事業用共通資産も配賦して各事業に負担させるべきか、直課できる資産だけを集計するかという論点については、どちらも一長一短あります。ではどちらを選択すべきでしょうか？　本書のテーマである ROIC 経営の導入を進めるの

であれば、「① 配賦して事業 B/S に計上すべき」です。ただし、事業別に配賦する際には「配賦運転資本」「配賦固定資産」等の勘定科目でまとめて配賦し、直課した資産や負債と配賦で計上した額を区別しやすいように分けて管理できるようにすべきです。

資産を配賦せずにコストを事業に負担させるには？

共有資産も、共有している割合に応じてできるだけ事業 B/S に配賦すべきだと説明しました。しかし、1 つの資産を分割すること自体に違和感があり、配賦率を設定するのに合理的な説明がつかず分割できないという場合もあるでしょう。こうしたときには、事業に負担させる別の方法があります。それは、資産を配賦せずに、その資産が存続することで発生するコストや使用するのに必要なコストを、共用し

●図 3.12：事業 B/S 作成の流れと事業 ROIC との関係

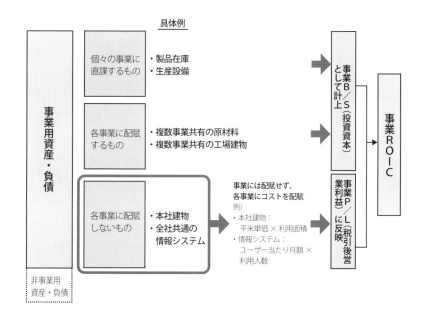

ている事業のP/Lに、その使用割合に応じて配賦するという方法です。ROICの計算式でいうと、分母の資産側ではなく、分子の利益側で管理するということです。

　図3.12を見てください。ここまでの説明を改めて整理すると、製品在庫や生産設備等個々の事業に分けられる資産は事業別に直課します。また、複数事業で共有する資産については、共有割合で事業に配賦できる資産と、資産を配賦せずに、関連費用を事業に配賦するものに分けます。事業に配賦する資産とは、たとえば複数の事業で使用する原材料や、複数の事業の生産工程で共有している工場建屋等の資産を対象とします。一方、関連費用を配賦するものは、営業部や購買部、人事部や総務部等のように、事業部門と本社共通部門等の部署が共用している本社建物や、全社員が使用する情報システム等が対象となります。

　事業活動に使用されており、かつ使用している事業が明確で、合理的な基準で資産を按分できる資産は、事業B/Sに配賦することを考えましょう。

　一方、共有している資産とはいえ、本社建物や情報システムの資産等は、事業部門だけではなく人事部や総務部、経理部といった全社共通の管理部門も使用しています。このように、事業部門だけでなく管理部門も使用している資産については、使用している事業部門で資産価値を分割したり、使用している割合で配賦しても、事業部門間で配賦額に対する納得が得られにくかったりする傾向があります。

　そこでこのような場合には、その共有資産を維持管理するために発生している費用を、使用する事業に負担させるというやり方を考えてみましょう。

　このように共有資産で発生する費用を事業に負担させるやり方には以下のようなメリットがあります。

　事業側の責任者としては、事業別ROICを向上させるために、日々、資産の有効活用や利益の向上を目指した取組みをしています。その中

で、共有資産分の費用に関しては、自分たちでは改善できない項目になります。事業責任者は事業別ROICを向上させる責務があるので、管理対象外の費用とはいえ、本社から配賦された費用を削減するように管理部門に要望を出していかなければなりません。

事業部門から管理部門への改善要求により、会社のなかでよい緊張関係が発生します。管理部門もコスト削減のために、福利厚生を外部の専門会社に委託したり、管理間接業務のシェアードサービス化を考えたりといった施策の検討が必要になります。こうした成果は事業ROICの向上だけでなく、全社利益の底上げに寄与することになり、結果として会社ROICが改善することになります。

ただし、本社で発生している費用のすべてを、すでに「本社費」として各事業に配賦している場合は、事業側に二重で費用を負担させることになります。このような場合には、この方法は使えないということに注意してください。

09　木戸先生の経営管理講座
ROIC経営における本社の役割

会社がROIC経営を導入したときの本社の役割について、事業部の視点で考えてみましょう。

ROIC経営では、事業部に対してそれまでの利益目標に加えて、新たに資本効率を上げることが目標として課せられます。これまでの事業部の役割は、できるだけコストを抑えながら多く売り上げることでした。それに加えて、できるだけ資産を効率よく使うことまで求められるのです。事業部に新たに責任を課すということは、それをコントロールする権限も合

わせて事業部に与える必要があります。たとえば、以下のような事業運営に関する権限は、基本的に事業部に移譲させる必要があります。

・設備投資をどれだけ行うべきか
・製品をどれだけ生産するか？
・原材料や商品をどれだけ仕入れるか　等

　つまり、ROIC経営を導入する場合は、本社から事業部への権限移譲とセットで行われなければならないのです。

　では、事業部に権限移譲したあとの本社の役割はどのようになるのでしょうか？

　ROIC経営を進めるということは、各事業部がそれぞれ権限を持って独立して各種の意思決定を行いながら事業を推進していくことになります。個々の事業部の独立性が高まれば高まるほど、本社はいかにして全社をコントロールしながら取りまとめていくかが求められます。

　このように考えた場合、本社の役割は以下のようになるでしょう。

・会社全体のアイデンティティの確立と共有
・経営資源の調達（人材、資金、情報、事業）
・事業間のシナジーの推進
・新規事業開発とそれに向けたR＆D推進
・事業ポートフォリオマネジメント（経営資源配分、事業撤退
　判断）

　ROIC経営を導入するということは、単に経営管理の指標を変えるだけではなく、会社全体の組織のあり方を変えていくことが必要です。

3 事業のROICを計算してみよう

健太

「美咲ちゃん、事業別にROICを計算する方法はわかったかな？」

美咲

「うーん、頭では理解できた気がするんですが、腹落ちしていないというか…」

健太

「美咲ちゃんも、自分の会社の事業別ROICを計算してみればいいんだよ！」

木戸先生

「計算に必要な項目や数値の把握の仕方は理解できたよね？数値さえ手に入れば計算はできるよ！」

美咲

「わかりました。データを集めてくるので、あらためて計算の仕方を教えてくださいね」

ケーススタディ：ABC 社で事業別 ROIC を計算してみる

　ここでは、美咲さんが勤める ABC 社のケースをもとに、事業別
ROIC を計算してみましょう。**図 3.13** を見てください。ABC 社は電
機機器メーカーで、6 つの事業部で構成されています。

　ABC 社の祖業はいわゆる生活家電の製造販売で、現在の電機事業
部になります。しかし、かつて製造していた白物家電事業は中国メー
カーに売却し、現在は AV 家電を中心とした事業となっています。

　住宅、自動車、半導体、システムの各事業部は、電機事業部で培っ
た要素技術をもとに事業化させて独立した事業部です。その中で、現
在売上高が最大なのは自動車事業部です。また、医療事業部は競合電
機メーカーより M & A（事業譲渡）で取得した事業部です。ABC 社

●図 3.13：ABC 社の事業体制

●図 3.14：ABC 社の各事業部の事業規模（事業別 P/L）

（億円）

	全社計	電機	住宅	自動車	半導体	システム	医療
売上高	10,000	2,500	1,500	3,000	1,000	500	1,500
営業利益	900	250	100	275	80	45	150
税引後営業利益	630	175	70	193	56	31	105

も他の日本企業と同じく、これまで独自で事業拡大や新規事業開発を進めてきましたが、最近は M & A を活用しながら事業ポートフォリオマネジメントを行っています。

　各事業部の人材や資産の共有状況としては、事業部の発展の歴史のなかで現在でも他の事業部と資産を共有している事業部もあれば、医療事業部のように所在地も人材もほぼ独立している事業部もあります。

　コーポレート部門では、各事業部の成長性と資本効率を検証しながら、投資判断や経営資源配分をしています。そのための経営指標として事業別の ROIC が採用されました。

　それでは、ABC 社の各事業部の規模を見てみましょう。**図 3.14** が ABC 社の事業別 P/L です。

　ABC 社の全社の売上高は 1 兆円です。自動車事業の売上高が祖業である電機事業を上回っています。それらの事業に次ぐのは住宅事業と医療事業ですが、住宅事業はこのところ成長が横ばいとなっており、急成長する医療事業が事業規模第 3 位の地位を確固たるものにするのも時間の問題という状況です。

ABC 社の会社全体の ROIC の計算（おさらい）

　まずは ABC 社の全社の ROIC を計算してみましょう。**図 3.15** を見てください。

　税引後営業利益は「営業利益 ×（1 －実効税率）」で計算します。ここでは実効税率を 30％として計算しています。また、会社全体の

●図 3.15：ABC 社全社 ROIC の計算

P/L（損益計算書）

全社	
売上高	10,000
営業利益	900
税引後営業利益	630

税引後営業利益 ＝
営業利益 ×（1 － 実効税率）

B/S（貸借対照表）

全社	
現預金	1,000
売上債権	2,000
棚卸資産	2,000
その他流動資産	500
固定資産	7,000
資産合計	12,500
仕入債務	1,800
その他流動負債	1,200
固定負債	1,500
有利子負債	4,000
純資産	4,000
負債純資産合計	12,500

■全社 ROIC の計算

税引後営業利益	630
投下資本	8,000
ROIC（%）	7.9%

ROIC（%）＝
税引後営業利益 ÷ 投下資本

投下資本 ＝
有利子負債 ＋ 純資産

投下資本は、「有利子負債 ＋ 純資産（自己資本）」によって計算しています。

その結果、会社全体の ROIC は 7.9％となりました。

では、続いて事業別 ROIC を計算してみましょう。

まずは ABC 社の事業別 B/S（貸借対照表）を作成する

事業別 ROIC の計算のために事業別 B/S を作成します。まずは、全社の B/S を、事業用資産と事業活動には使われていない非事業用資産および調達資本に分けていきます。

ここで、ABC 社における各科目残高を事業別に分割する方針を確認してみましょう。

現預金

　現預金管理（キャッシュマネジメント）はコーポレート本社の財務部が一括で実施していますが、一部の事業部では日々の事業活動に使用するための現預金を保有しています。

　事業部で管理している現預金は事業部に直課し、その他の現預金についてはABC社では事業共通資産とし、非事業用資産とはしていません。

売上債権

　ABC社のビジネスは事業別に異なる製品を異なる取引先に販売しているケースがほとんどで、複数の事業で共通している取引先はほとんどありません。また、複数の事業に共通する取引先も請求担当が異なるので、売上債権は事業別に分けられます。

棚卸資産

　製品は、複数事業で共有していないので事業別に分けられます。材料や部品についても、基本的には事業部別に管理しているので事業別に区分できますが、一部の貯蔵品は電機・住宅・自動車の3事業共通の資産なので、棚卸資産としては事業別に区分できないものもあります。これら複数事業で共有している資産は事業共通資産とします。

固定資産

　工場の建屋や製造工程は事業別に区分して管理されていますが、電機・住宅・自動車の3事業では、工場敷地や営業所の土地建物を共有しているので、事業別に区分できないものもあります。これら複数事業で共有している資産については事業共通資産とします。また、白物家電事業を売却したときに残った工場跡地もありますが、これらの遊休資産については、現時点ではどの事業部でも使用していないので非事業用資産とします。

仕入債務

　事業に特有の材料や部品等は事業別に区分できますが、一括購買をしている共通資材や消耗品の買掛金、事業部で共有する施設の光熱費や消耗品等に対する未払金については、事業別に区分できないので事業共通負債とします。

有利子負債・純資産（自己資本）

　有利子負債と純資産は調達資本となります。事業単独で使用している生産設備等の資産を購入したときに発生したリース債務については事業別の区分が可能ですが、有利子負債なので調達資本になります。

　以上の考え方で、**図3.16**のとおり全社のB/Sを事業に直課可能な資産、事業共通資産、非事業用資産、調達資本の4つに分けられます。

　ただし、事業B/S作成に用いるのは「事業に直課可能な資産」「事

●図 3.16：全社 B/S の事業用資産負債への区分

事業用資産・負債／非事業用資産・負債／調達資本に区分

	全体	事業用		非事業用	調達資本
		直課可能	事業共通		
現預金	1,000	300	700	0	0
売上債権	2,000	2,000	0	0	0
棚卸資産	2,000	1,500	500	0	0
その他流動資産	500	100	400	0	0
固定資産	7,000	4,100	2,400	500	0
資産合計	12,500	8,000	4,000	500	0
仕入債務	1,800	300	1,500	0	0
その他流動負債	1,200	200	1,000	0	0
固定負債	1,500	300	1,200	0	0
有利子負債	4,000	0	0	0	4,000
純資産	4,000	0	0	0	4,000
負債純資産合計	12,500	800	3,700	0	8,000

財務部が一括管理する現預金

撤退事業の工場跡地（土地）

3事業（電機・住宅・自動車）共通資産

リース債務も含む

業共有資産」のみで、「非事業用資産」「調達資本」については事業B/S作成には使用しません。

事業共通の資産・負債を事業別に配賦する

　ここからは、事業共通に計上される資産・負債を各事業に配賦していきます。

　図 3.17 を見てください。B/S の科目別に事業に直課された残高と、事業共通に計上された残高があります。事業共通に計上された資産や負債の内容を考慮しながら、事業別に適切な基準で配賦していきます。

　このとき、各事業に配賦した資産や負債は、配賦額を管理しやすいように別の科目を作成して計上するとよいでしょう。ABC 社では配賦した残高を運転資本と固定資産・負債に分けて計上しています。

　これで事業別の B/S が作成できました。事業 B/S により、事業別の投下資本を計算した結果が**図 3.18** です。

●図 3.17：事業用資産負債を事業別に直課した状態（事業共通残高配賦前）

(億円)

	電機	住宅	自動車	半導体	システム	医療	事業共通
現預金				50	50	200	700
売上債権	600	400	500	200	100	200	0
棚卸資産	400	200	600	100	0	200	500
その他流動資産				25	25	50	400
固定資産	800	900	900	500	400	600	2,400
事業資産合計	1,800	1,500	2,000	875	575	1,250	4,000
仕入債務				100	50	150	1,500
その他流動負債				25	25	150	1,000
固定負債	0	0	0	100	50	150	1,200
事業負債合計	0	0	0	225	125	450	3,700

事業共通に計上された残高を各事業へ配賦する

複数の事業に共通の資産として計上された残高を個々の事業に配賦する際は、どのような基準で配賦するのかが問題となります。

　本来はこの資産についての各事業の使用割合を正確に反映させるべきですが、そのために業務が煩雑になることは避けましょう。事業B/Sを作成するのが四半期に一度であっても、配賦の基準は年間固定にしたり、配賦額自体を年間固定額としたり等、できるだけ簡便にすべきです。

　ROICを改善しようとすると不要な資産を減らす必要がありますが、ここで配賦された資産は共有の資産なので、特定の事業部だけでは減らせないため、短期間で減少させることは困難です。また、共有資産は変動することも少ないので、見直し頻度を少なくしてもさほど影響はありません。

●図 3.18：事業共通資産負債を事業別に配賦した状態

（億円）

	電機	住宅	自動車	半導体	システム	医療
現預金				50	50	200
売上債権	600	400	500	200	100	200
棚卸資産	400	200	600	100	0	200
その他流動資産				25	25	50
固定資産	800	900	900	500	400	600
配賦運転資本（資産）	400	300	400	100	100	300
配賦固定資産	900	700	800			
事業資産合計 ①	3,100	2,500	3,200	975	675	1,550
仕入債務				100	50	150
その他流動負債				25	25	150
固定負債				100	50	150
配賦運転資本（負債）	800	800	600	100	100	100
配賦固定負債	300	400	200	100	100	100
事業負債 合計②	1,100	1,200	800	425	325	650
投下資本 ①－②	2,000	1,300	2,400	550	350	900

事業共通からの配賦

事業別 ROIC の計算

　ここまで来れば事業別 ROIC の計算はあと一息です。あとは、ROIC の算定式に従って、事業別の ROIC を計算してみましょう。

　図 3.19 を見てください。

　全社 ROIC の計算で説明したとおり、税引後営業利益は「営業利益 ×（1 －実効税率）」で計算しています。「ROIC ＝ 税引後営業利益 ÷ 投下資本」ですから、各事業の ROIC は、**図 3.19** のように計算することができました。営業利益率が高いからといって、事業別 ROIC の数値が高いとは限らないということがわかりますね。

●図 3.19　事業 ROIC の計算

（億円）

	電機	住宅	自動車	半導体	システム	医療
売上高	2,500	1,500	3,000	1,000	500	1,500
営業利益	250	100	275	80	45	150
税引後営業利益	175	70	193	56	31	105
営業利益率	10.0%	6.7%	9.2%	8.0%	9.0%	10.0%
投下資本	2,000	1,300	2,400	550	350	900
事業別 ROIC（%）	8.8%	5.4%	8.0%	10.2%	8.9%	11.7%

ROIC と ROI の違い

ROIC とよく似た指標に ROI があります。日本語では、投資利益率や投資収益率といいます。

ROIC も ROI も投資額に対してのリターンを測るという点は同じです。会社によっては、ROIC も ROI も同じ定義で運用しているところもありますが、ここでは一般的な定義と活用ケース、両指標の違いについて説明します。

一般的に ROI は、個別の投資案件に対する投資効率を評価するために使います。たとえば、新規で工場を設立する場合、土地や建物、製造設備などの購入で 100 億円かかったとします。また、この工場の設立によって、利益が 10 億円増加すると想定します。

この投資案件の ROI を計算すると、

利益額（10 億円）÷ 投資額（100 億円）= 10%

となります。

このように、ROI は会社の実務において、投資前の計画段階で、投資実行の是非の判断に使われることが多い指標です。社内の投資判断に ROI を使っている会社では、「ROI 10％以上」といった投資実行の基準が設定されています。

一方 ROIC は、ここまで説明してきたように、個別の投資案件というよりは、会社全体や事業全体に対して既に投下されている資本（資金）に対するリターンを測る際に使用されることが一般的です。したがって、ROIC は定期的に測定しながら、資本効率の改善につとめるとともに、効率の悪い事業は撤退するなどの検討に使われることになります。ROIC 経営を行って

●図 14：ROI と ROIC の違い

	ROI (Return On Investment)	**ROIC** (Return On Invested Capital)
日本語名称	投資利益率、投資収益率　等	投下資本利益率
算定式	利益／投資額	税引後営業利益／投下資本
何がわかるか？	**特定の投資案件**への投資に対して どれだけ稼いだか	**事業へ投下**（使用）している資金に 対してどれだけ稼いだか

いる会社では、事業別に「年間 ROIC 目標 10％以上」といった目標が設定されます。

　以上、ROI と ROIC 一般的な違いについて説明してきました。両指標の違いについて簡単に図 14 にまとめましたので確認してください。

11 ROIC 経営のリスク

　資本効率を意識した事業運営を促すことを目的に、ROIC を事業の管理指標として導入する会社が増えています。ただ、ROIC の導入による弊害もあります。ROIC の算定式を見ながら考えてみましょう。**図 15** を見てください。

　ROIC の算定式だけを見れば、ROIC は、分子である営業利益を増やすか、分母である投下資本を減らすかのいずれかによって数値がよくなることがわかります。確かにそのとおりですが、問題はその営業利益の増やし方や投下資本の減らし方です。

　まずは営業利益です。営業利益を改善させるときに、やってはいけないのは無理なコストカットです。売上が伸び悩む、も

●図 15：ROIC 経営の弊害を考える

【ROIC の算定式】

$$\text{ROIC（投下資本利益率）} = \frac{\text{税引後営業利益（＝営業利益 × (1－実効税率)）}}{\text{投下資本（＝運転資本＋固定資産）}}$$

ROIC を改善するためには

| 営業利益を増やす（分子を上げる） | 投下資本を減らす（分母を下げる） |

陥りがちな弊害①　　　　　　　　　　　陥りがちな弊害②

| 無理なコストダウン | 必要な投資の抑制 |

ROIC 改善を短期的思考で進めないことが重要

しくは下降トレンドにあるビジネスでは一般的に使われる施策ですが、コストダウンのために本来必要な製品機能を削減したり、競争力のある製品や機能を生み出すために必要な研究開発費の抑制、さらには従業員の賃金カットなどを行えば、短期的には営業利益を上昇できるかもしれません。しかし、いずれは顧客離れによる売上の減少や、従業員のモチベーションダウンなどにつながり、営業利益をさらに低下させてしまうことになりかねません。

　また、投下資本についても同様のことがいえます。投下資本を減らそうと思えば、無理な在庫の削減や資産の売却、必要な投資の抑制や先送りを行うことが考えられます。こうした施策により一時的には投下資本は減少しますが、この場合でも、過剰な在庫削減によって逆に欠品リスクを上昇させたり、生産設備更新の抑制によって設備停止リスクを増大させたりといった弊害を招く恐れがあります。

　こうしたリスクは、いずれも短期的な思考でROIC改善を図ろうとする場合に起こりえます。「ROIC経営」といういい方をすると、さもROICが最終のゴール指標のように考えがちですが、決してそうではありません。ROICはあくまで、個々の事業がゴールへと向かう過程の一断面をとらえる指標と考えましょう。

　「ROIC経営」を標榜する会社はどこも、ROICだけではなく売上高やキャッシュフローなどの事業の成長と事業規模を表す指標を合せて管理しています。会社の業績を管理するためには、適切な経営指標を組み合わせて経営管理を行っていくべきです。

第4章

ROICで経営を管理する

ROIC経営の実践を学ぼう

第3章でROICを実際に計算してみましたが、ROICの計算自体は難しくないことが理解してもらえたでしょうか?

ここからはいよいよ、ROICをどのように経営に活かしていくかを解説します。ROICは他の経営指標と同様に、これだけを管理すればよいという万能の指標ではありません。ROICの向上だけを求めていくと、バランスの悪い経営になってしまうことがあります。ROIC経営を成功させるために、ROICの目標値の設定の仕方、他の経営指標の活用等を一緒に考えていきましょう。

1 いくら儲ければいいの？

美咲

「木戸先生、私が勤めている会社の全社 ROIC と事業ごとの ROIC を計算してみました！」

木戸先生

「ほう、がんばったね。ふむ、計算は正しそうだ」

健太

「どれどれ。やっぱり各事業の ROIC はバラついているね。美咲ちゃん、ROIC の目標値はどのくらいに設定すればいいと思う？」

美咲

「えー、高ければそれでいいんじゃないですか？」

木戸先生

「ROIC には目指すべき目標値があるんだよ」

美咲

「目標値？ それってどうやって決めるんですか？」

POINT

○ ROIC の目標値は、債権者や投資家の期待に基づいて決まる
　ということを理解する
○ 全社 ROIC の目標値は、事業別 ROIC の目標値の合計以上
　を目指すことになることを理解する

ROIC 経営におけるステークホルダーは誰？

　これまでの解説で、ROIC（投下資本利益率）の計算方法は理解してもらえたことでしょう。ROIC を会社の経営指標や個々の事業の業績管理指標として用いる場合、考えなければいけないのは「ROIC の目標値をどのくらいに設定すればよいか」ということです。

　本題に入る前に、ROIC とは何であったのかを改めて考えてみましょう。図 4.1 を見てください。

　ここからは、会社をコーポレート部門と事業部門に分けて考えます。まず、コーポレート部門は銀行等の債権者や株主から資金を調達し、

●図 4.1：ROIC 経営における資金調達と事業活動の関係モデル

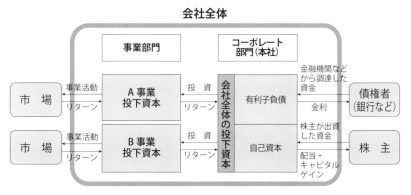

コーポレート部門が資金を調達し事業部門に投資すると考える

その見返りとして、債権者に対しては利息を支払い、株主に対しては配当金やキャピタルゲイン＊1で還元します。

　コーポレート部門はこうして調達した資金を事業部門に対して投資していると考えます。コーポレート部門が出資した資金が、事業部門の運営資金となります。事業部門はそれぞれの市場で事業活動を行い、稼いだ利益をコーポレート部門に還流します。このように事業部門が稼いだ利益が、コーポレート部門が債権者や株主に支払う利息や配当金の源泉となるのです。

　企業における資金の流れを整理してみると、ROIC の目標値は、資金提供の大元である債権者や株主と、事業部門へ資金を投資するコーポレート部門、それぞれの期待にかなう水準に設定する必要があることがわかります。それぞれのステークホルダーごとの思惑を考えていきましょう。

債権者が求めていること

　まずは、金融機関が会社に対して融資を行うケースを考えてみましょう。

　会社は金融機関から融資を受けた資金の見返りとして利息を支払います。では、利息の金利はどのように決まるのでしょうか？

　金融機関自体も市場から調達した資金を貸し出しているので、金融機関が調達した金利に加えて、金融機関自体が事業運営をするために必要な費用を加えて貸出金利が決まりますが、貸出金利は一律ではなく貸出先の状況や貸出条件によって変わります。

　金融機関の貸出金利は一般的には以下によって決まります。

　・貸出先の業績
　・貸出先のビジネスの将来性・安定性

＊1：株式の購入時の価格と売却時の価格の差額による売却益のこと。会社が実際に株主に支払うものではありません。

- ・資金の使途
- ・貸出期間
- ・貸出に対する担保の有無　等

　貸出先の業績がよければ金融機関の回収リスクは低くなるので、金利は低くなります。また、金融機関の間でも競争があるため、どの金融機関も業績がいい会社に融資したいと考えるので、業績がいい会社ほど貸出金利は低くなります。

　また、融資を受ける会社側からすれば利息は費用になります。資金を調達するのに必要な費用のことを資本コストと呼び、利息も資本コストの１つです。

株主が求めていること

　株主は出資という形で会社に対して資金を提供しています。銀行等の債権者から調達した資金と株主から調達した資金との間で大きく異なる点は、債権者から調達した資金は資金そのもの（元金といいます）を返済する必要があるのに対し、株主から調達した資金は返済の必要がないという点です。

　図 4.2 を見てください。

　資金を調達した見返りに株主に交付されるのが株式です。会社は株

●図 4.2：債権者と株主の違い

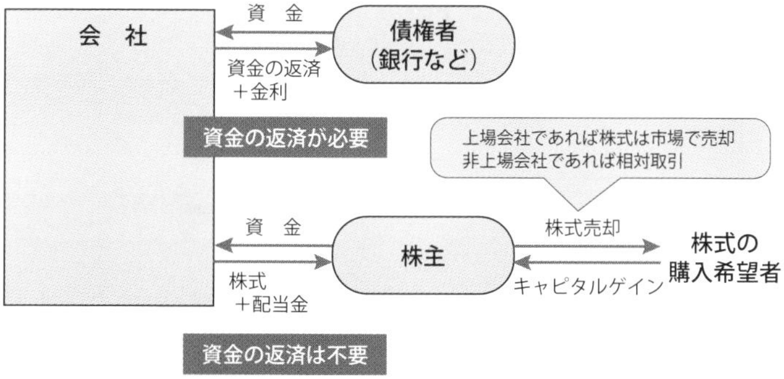

主から提供された資金を返済する必要はありませんが、稼いだ儲けの中から、配当金を支払う必要があります。また、株主は株式を売却することで資金を回収し、キャピタルゲインを得ることができます。

株主にとってのリターン全体のイメージを表したのが、**図 4.3** です。

この例では、株主は 100 万円で購入した株式を 120 万円で売却しました。このとき、売却額 120 万円と購入額 100 万円との差額の 20 万円が、株主が得られるキャピタルゲインとなります。また、株主は株式を保有している期間は、定期的に配当金を受け取ることができます。たとえば**図 4.3** のように、この株式を保有していた期間に受け取った配当金が 5 万円だった場合、株主としては売却益と合わせてトータルで 25 万円の利益を得られたことになります。このように、株主が会社に求めるリターンはキャピタルゲインと配当の合計になります。

ただし、株価は変動します。

図 4.3 の例では、購入時より売却時の方が株価は上昇しましたが、株価は下落することもあります。購入時よりも株価が下落している状況で株式を売却した場合、株主にとっては損失（キャピタルロス）となります。

このように株主としての出資は、儲かることも損をすることもある

●図 4.3：株主にとってのリターン

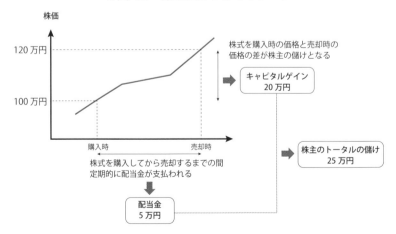

リスクの大きな投資であり、損失するリスクが大きいほど投資家は高いリターンを期待します。つまり、金融機関等の債権者から調達する資金（会社にとっての有利子負債）よりも、株主から調達した資金（会社にとっての自己資本）の方が、資金提供者は高いリターンを要求します。

先ほど、資金を調達するためのコストを資本コストと呼ぶと説明しましたが、そのなかでも株主から調達した資金に対するコストのことを株主資本コストと呼びます。資本コストについては後ほど説明しますので、言葉だけ覚えておいてください。

コーポレート部門が求めていること

次にコーポレート部門の視点で考えてみましょう。

コーポレート部門は債権者や株主から調達した資金を事業へ投資します。まず、コーポレート部門としては、資金の提供者である債権者と株主の要求には最低限応えなければなりません。つまり、債権者に支払う利息と株主資本コストの合計以上に稼ぐ必要があるのです。そしてこの債権者と株主の要求以上の稼ぎこそ、会社全体の ROIC の目標値となります。

これまでも説明してきたとおり、ROIC での経営管理を目指す会社には通常複数の事業があります。コーポレート部門としては、それぞれの事業にいくら投資して、いくらのリターンを上げるのかをマネジメントしなければなりません。このとき、コーポレート部門が各事業に求めるリターンが、ROIC 経営における事業別 ROIC の目標値となります。すべての事業に対して一律の目標を課すのであれば、会社全体の ROIC 目標がベースとなるでしょう。

コーポレート部門としては、目標に達していない事業は撤退して、目標以上に稼いでいる事業にはさらに投資していけばよいことになりますが、実際にはそれほど簡単には事業撤退や追加投資の判断はでき

ません。結局、さまざまな条件から総合的に判断することになります。

　次に、コーポレート部門が事業別ROICの目標を検討する場合の考え方を検討してみましょう。

事業別ROIC目標設定の考え方

① 事業ごとの業界や競合他社のROIC水準

　これまで解説してきたとおり、ROICとはビジネスに必要な経営資源に対しての儲けの割合です。

　そして、ビジネスに必要な経営資源の多寡は事業によって異なります。同じ製造業でも、自動車製造業と食品製造業では、必要とする経営資源の大きさは異なります。また、事業によって競争要因が異なるので、儲け（利益）の多寡も異なります。ROICは経営資源と儲けの割合ですから、ROICの標準的な水準も事業によって異なります。したがって、事業ごとの競合他社や業界全体のROIC水準が事業別のROIC目標設定の目安となるでしょう。

② 事業の競争環境や業界地位

　それぞれの事業の競争環境や業界地位によっても、ROICの目標値の水準は異なります。たとえば、ある程度成熟した寡占市場でリーダーのポジションにあるビジネスを考えてみましょう。この場合、既に業界水準よりも高い利益率をあげていると想定できるので、ROICの目標値は業界平均よりも高くなるでしょう。

　一方、今後の成長は期待できるものの、現状では多数の競合がひしめく市場環境にあるビジネスを考えてみましょう。この場合は、効率を追い求めるよりも、新規に投資してでも自社の事業成長とシェアアップを目指すべきです。したがって、このような事業に対するROICの目標は低くなるでしょう。このように、ROICの目標は事業を取り巻く市場環境や競争環境によっても変わります。

③ 会社全体の ROIC 目標

　複数事業の会社の場合、個々の事業の目標を積みあげた結果が会社全体の ROIC 目標を上回る必要があります。したがって、「事業それぞれの事情を踏まえて ROIC の目標を設定して積み上げても、全社としての ROIC の目標に足りない」ことにならないように、全社として必要な儲け（全社の目標利益）を各事業に割り振るという観点も必要となります。このような目標設定ができれば、個々の事業が ROIC 目標を達成すれば、全社の ROIC 目標も達成できることになります。

　なお、債権者も株主も会社に複数の事業があることを理解したうえで融資や投資をしているので、債権者や株主が会社全体に対して期待するリターンは、それぞれの事業に対して要求するリターンの合計であるともいえます。

④ 過年度の ROIC 実績

　①〜③のとおり、事業ごとの ROIC 目標は会社全体の ROIC 目標と個々の事業の状況を踏まえて個別に設定することになります。しかし、事業ごとの資本コストを理論的に計算するのは困難であり、ROIC 経営を導入している会社でも事業別 ROIC の目標値を設定することには苦労しています。

　マネジメントの観点で考えれば、理論的には十分な水準で ROIC を達成していたとしても、ROIC の高い事業に対して、翌年はさらに高い目標を課すことが多いのも事実です。

　一方で、理論的に計算される目標水準から大きく下回った事業に対して高い目標を課しても、到底達成できない水準では事業部門の達成意欲が削がれてしまうでしょう。

　全社が目標に向かって意欲をもってまい進するために、会社全体の目標を目指す水準として位置付けつつも、過年度の実績を踏まえながら事業ごとに目標設定を行っている会社が多いようです。

12 ROICはどこまで高められるのか

　ROICの目標値はどこまで高く設定できるのでしょうか？ ROIC経営を導入した会社で事業のROICが改善した例を考えてみましょう。

　経営指標を導入した当初のROICが3％だった事業が、その後数年かけて改善していき10％まで向上しました。ここで翌年のROICの目標を設定するときに、経営陣からは前年よりもさらに高い12％が目標として設定されましたが、この年も何とか目標をクリアしてROICが13％となりました。

　さあ翌年の目標は？　ここで疑問に思うのは、ROICはどこまでも高められるのかということです。

　結論からいえば、ROICにも限界があります。これはROICの算定式を分解するとイメージしやすいでしょう。

　図16を見てください。ROICは投下資本回転率と売上高利益率に分解できます。投下資本回転率とは、「ビジネスの元手の資金でどれだけ売上高を上げられるか」を表すものです。製造業をイメージすれば、どんなに急いで製品をつくって売ったとしても、設備の生産能力と生産時間のキャパシティ以上で生産するのは難しいので、投下資本回転率には限界があることがわかるでしょう。また、売上高利益率についても、コストがゼ

●図16：ROICの分解

$$
\underset{\text{(投下資本利益率)}}{\text{ROIC}} = \frac{\text{税引後営業利益}}{\text{投下資本}} = \underset{\text{(投下資本回転率)}}{\frac{\text{売上高}}{\text{投下資本}}} \times \underset{\text{(売上高利益率)}}{\frac{\text{税引後営業利益}}{\text{売上高}}}
$$

ロになったり価格がどこまでも上がることはない以上、一定の限界があります。

　経営管理においてROICを目標指標として用いるときには注意が必要です。ROICに改善余地があるのであれば、ROICの改善を目標とします。一方で、その事業としてROICは十分改善され高水準にあると考えられる場合は、これ以上のROICの改善を考えるよりも、むしろ追加投資による成長の可能性を考えましょう。投資直後は一時的にROICが低下することも想定して、中長期的な成長を目指すことが重要です。

　また事業としては、これ以上ROICの改善余地はないが、一方でこれ以上の成長も見込めない場合は、その事業を継続すべきかどうかを検討することになります。場合によっては成長余地が見込めない事業から撤退して、そのリソースを他の事業の成長に再投資することも考えられるでしょう。

　以上をまとめると次のとおりです。

・ROICには限界があるので、どこまでも高めることはできない
・十分な水準を確保できているなら、それ以上のROICの向上を求めるよりも成長を目指すほうがよい
・他の事業と比べてROICの水準が低く、成長の見込みもない事業は撤退候補となる

　このように、経営ではさまざまな指標をモニタリングしながら、会社が中長期に設定したゴールを目指します。このことは飛行機の操縦にもたとえられ、経営者が見るさまざまなレポートは「経営コックピット」と呼ばれることもあります。本書が取り上げるROICも、いまや経営コックピットの重要計器の1つとなっています。

2 目標値を設定しよう！

美咲

「へぇ、ROIC の目標値を設定するのって、いろいろ考える必要があるんですね」

健太

「そうなんだよ。美咲ちゃんの会社の事業別 ROIC の目標値についても、それぞれ設定値を比べてみるといいと思うよ」

美咲

「そうしてみます。ただ、さっきの説明のなかで資本コストを計算するという部分がわからなかったんですが、どうやって計算するんですか？」

木戸先生

「美咲ちゃんは WACC を知ってるかな？」

美咲

「ワック？　んーーっ、教えてください！」

WACC とは何ですか？

　ここまで、ROIC の目標値の設定のしかたについてステークホルダーの視点で解説してきましたが、ROIC の目標値の設定について解説するとき避けては通れないのが WACC です。まずは、WACC とは何かについて説明します。

　WACC とは Weighted Average Cost of Capital の略で、日本語では加重平均資本コストと訳されます。文字どおりこれまで解説してきた資本コスト、すなわち会社が資金調達する際に必要となるコストのことです。

　図 4.4 を見てください。

　会社が調達した資金は有利子負債と株主資本で構成されると説明してきました。これらの資金を調達するためのコストには、利息等の有

●図 4.4：WACC（加重平均資本コスト）とは

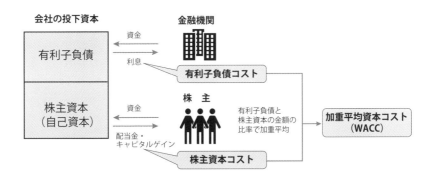

135

利子負債コストと配当金等の株主資本コストがあります。

有利子負債コストと株主資本コストを、有利子負債金額と株主資本金額の比率で加重平均したのが WACC（加重平均資本コスト）です。

算定式は**図 4.5** のとおりです。

算定式を見れば加重平均の意味はわかってもらえるでしょうが、気を付けてほしいのが、有利子負債コスト率には、（1 − 税率）を掛けているところです。これは、金融機関等に対する支払利息は法人税を計算する際の費用（損金）となり、税金の支払い額が減ることになるので、その分を調整しています。

次に、**図 4.6** の計算例を見てください。

●図 4.5：WACC（加重平均資本コスト）の算定式

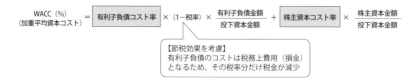

●図 4.6：WACC（加重平均資本コスト）の計算例

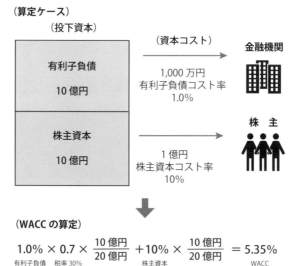

このケースでは、有利子負債と株主資本はそれぞれ 10 億円ずつと
しています。投下資本は「有利子負債＋株主資本」ですから 20 億円
になります。有利子負債の金利支払額が 1,000 万円だとすると、有
利子負債コスト率（金利）は 1％となります。また、株主は当社に対
して毎年 1 億円のリターン（企業価値向上）を期待しているとしま
しょう。この場合の株主資本コスト率は 10％となります（株主資本
コスト率の算定方法については後述します）。これらを計算した結果、
WACC（加重平均資本コスト）は 5.35％になります。

ROIC 目標値と WACC との関係

WACC の計算方法がわかったところで、ROIC 目標との関係につい
て改めて考えてみましょう。WACC とは加重平均した資本コストで、
何を平均しているかといえば、有利子負債コストと株主資本コストで
す。会社に対する資金提供者である、債権者と株主の期待や要求を加
重平均していると言い換えられます。

一方 ROIC は、投下資本に対するビジネスでの儲け（リターン）の
割合を表したものです。つまり、WACC と ROIC のどちらも投下資本
に対する割合を示すということになります。

図 4.7 を見てください。

「ROIC と WACC の関係」は、「会社の儲けと出資者の期待の関係」
と同じだといえます。ROIC が WACC を上回っていれば、出資者の期
待以上に稼いでいることになり、逆に ROIC が WACC を下回ってい
る状態というのは、出資者の期待どおりには稼げていないことになり
ます。

このことから、会社が ROIC の目標値を設定する際には、「WACC
以上」というのが 1 つの目安となることがわかってもらえるでしょう。

また、ROIC が WACC を上回っているとき、すなわち出資者の期待
以上に会社が稼いでいるときに、企業価値が向上したといえるのです。

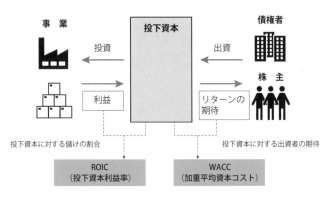

●図 4.7：ROIC と WACC の関係

ROIC>WACC であれば、出資者の期待以上の稼ぎがあるといえる

ROIC>WACC であるとき企業価値が向上したといえる

ROIC と WACC と EVA® の関係

　ROIC と WACC との関係を理解したところで、第 1 章でも少し解説した EVA® についても改めて説明します。

　まず、EVA® の定義です。税引後営業利益から資本コストを引いた利益を EVA® と定義しています。日本語では「経済付加価値」と訳されていますが、EVA® の大きさ分だけ出資者の期待を上回ったこととなり、事業価値が成長したと考えられます。

　図 4.8 を見てください。第 1 章でも説明した図です。税引後営業利益と資本コストとの関係を対比させて説明しますが、税引後営業利益より資本コストの方が小さければ EVA® はプラスとなります。

　ROIC 経営を指向する多くの会社が、経営管理の指標として EVA® を導入しています。ROIC は効率性を表す指標なので、規模の概念は含んでいません。そこで、規模を表す EVA® と、効率を表す ROIC を経営管理の指標として併用することが有効な手段となります。

たとえば、ROIC が同じ 10％である事業 A、事業 B があったとして、ROIC だけを比較していても両者の規模のイメージはつかめません。ここで、事業 A の EVA® は 10 億円、事業 B の EVA® は 5,000 万円だったとしましょう。一気にそれぞれの事業の規模感がイメージできるのではないでしょうか？

ROIC を導入する会社の多くは、かつての「売上と利益中心の経営管理」から「資本コストを意識した経営管理」への転換を図るために経営管理改革を行ってきました。EVA® は会社や事業が結果としてどれだけ稼いだかという利益の概念の中に、資本コストの概念を包含しているので、ROIC と大変親和性の高い経営指標だといえるでしょう。

経営管理において重要なのはバランスです。ROIC 経営を実践する多くの会社では、経営の目標値として、成長性管理のための売上高、収益性管理のための EVA®、効率性管理のための ROIC の 3 つの指標を併用して管理しています。

●図 4.8：EVA® と ROIC と WACC の関係

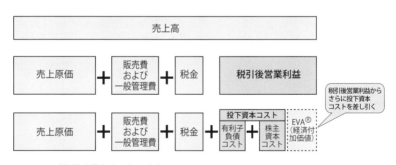

※ROIC＝　税引後営業利益 ÷ 投下資本
※WACC＝（有利子負債＋投下資本コスト）÷ 投下資本

EVA® ＝ 税引後営業利益 － 投下資本コスト
　　 ＝（投下資本 × ROIC）－（投下資本 × WACC）

・ROIC ＞ WACC であれば、EVA® がプラスとなる
・EVA® は P/L の利益を用いて金額を算定できるため、
　ROIC と併用して業績管理に活用されることが多い。

13 株主の気持ち（株主資本コスト）

　本編でも解説しましたが、株主からのリターンの要求のことを会社側では「株主資本コスト」といいます。この株主資本コストの算定方法について、ここでは上場企業の株主の気持ちで考えてみましょう。

　上場企業 A 社の株式を 100 万円で購入したとします。これで晴れて株主となったので、当然株価の上昇を期待します。

　この株主は A 社の株が 1 年後には 110 万円になることを期待したとしましょう。つまり、1 年間で 10％の上昇を期待したというわけです。では、この 10％上昇してほしいという株主の気持ちをもう少し深堀りしてみましょう。

「株式というのは、企業の業績が下がればその価値が下がることもあるわけだから、元本保証の銀行預金よりは儲かってほしい」

「A 社と B 社、どちらの株を買うかで悩んだが、A 社の株価は B 社よりも価格変動が大きく、その分 B 社よりも儲けが大きそうだ」

　つまり、上場企業の株式を購入するとき、① 株式投資以外の資産運用と比べてどうか？ という点と、② 他の株式と比べてどうか？ という 2 つの視点で考えながら、結果として 10％の上昇を期待したということです。

　このような考え方に基づいた株主資本コスト率の算出方法が「CAPM 理論」です。CAPM は Capital Asset Pricing Model の略で、日本語では「資本資産価格モデル」と訳されます。

　図 17 を見てください。

　計算式の意味を完全に理解してもらうためには、統計学や

ファイナンス理論の理解が必要となるので、ここでは簡単に概念を説明します。

　株主が期待するリターン（株主資本コスト率）は、安全資産のリターン（リスクフリーレート）よりも高い超過リターンを求めると考えます。

　このときの超過リターンの期待は、株式市場の平均的なリターンに対して、リスクの大きい（値動きの大きい）株式ほど大きくなるという考え方です。株式市場全体における個別株式の値動きの大きさを示す指標が「β（ベータ）」といいますが、値動きが大きいほどβの値は大きくなります。

　たとえば、リスクフリーレートが1％、マーケットプレミアムが5％、β値が1.2の場合、

　株主資本コスト率＝1％＋1.2×5％＝7％
と算出できます。

　マーケットプレミアムやβ値は実際の株価の変動に基づいて算出されるので、算出対象とする計算期間によって算定結果は変わってきます。インターネットでも有名企業の算定結果を公表していたり、算出方法を紹介していたりするので、興味があれば確認してみてください。

●図17：CAPM理論による株主資本コスト率の算定式

株主資本コスト率＝リスクフリーレート＋β×マーケットプレミアム

※リスクフリーレート：リスクの無い安全な資産の利回り。通常は国債の利回り
　等を用いる
※β（ベータ）：対象の株式の株式市場全体の値動きに対する変動幅
※マーケットプレミアム：株式市場全体の期待利回りとリスクフリーレートの差

3 ROIC はゴールではない？

健太
「木戸先生、僕の会社で近々大規模投資をする事業があるんですが、ROIC の目標をどうするのかって事業側から聞かれてまして…」

美咲
「ROIC は投資管理に向いている指標だから、大規模投資の管理だったら、なおさら向いているんじゃないんですか？」

木戸先生
「美咲くんも、投資が増大するということは、ROIC の指標が一時的に悪化することはわかるよね？」

美咲
「投資額が分母になるんで、そのくらいわかりますよ。あっ、そうか！ せっかく成長に向けて投資をしたのに、評価が悪くなったら投資しなくなりますよね…。どうしたらいいんですか？」

POINT

○ ROIC 経営を行う場合は、成長目標も一緒に管理すべきであることを理解する

○ ROIC は短期的な目標指標ではなく中長期的な目標指標であることを理解する

投資しないと ROIC はどうなるか？

事業別 ROIC について考えてみましょう。

ある事業が、新たな投資を行わず、今のままのビジネスをそのまま続けていくと、ROIC はどうなるでしょうか？　そもそも、何も投資をしないという仮定自体がビジネスの実務では現実感がないですが、ここでは、投資をしなくても売上と利益は変わらない場合を想定してみましょう。

図 4.9 を見てください。

●図 4.9：減価償却による投下資本の減少のイメージ

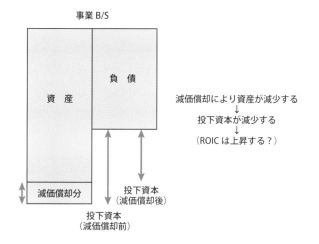

資産の中でも、固定資産は減価償却によって残高が毎年減少していきます。投下資本は資産と負債との差額で計算できますから、資産が減少すると投下資本も減少することがわかります。このように、投資を行わないと、投下資本は減少します。

では、このとき ROIC はどうなるでしょうか？

これまで解説してきたとおり、ROIC の算定式は、「税引後営業利益 ÷ 投下資本」なので、利益が変わらない場合は投下資本の減少（算定式の分母の減少）によって ROIC は上昇することとなります。

ROIC を経営指標とする場合のデメリットに、投資の過度な抑制があげられます。本来ならば市場の成長に合わせて適切な投資をして、シェア拡大による競争優位の確立を図るべきところですが、ROIC の悪化を恐れて投資を抑制し、販売機会のロスや供給リスクが増大することで、シェアダウンや市場での競争力低下という事態を招きかねません。

ROIC は、低いよりも高い方がよいのはそのとおりですが、単に高ければよいものではありません。ROIC を高めることにこだわるあまり、必要な投資を止めてしまうことのないようにしましょう。

投資すると ROIC はどうなるか？

では、投資すると ROIC はどうなるでしょうか？　繰返しの説明ですが、ROIC は「税引後営業利益 ÷ 投下資本」で算定されます。

投資するということは資産が増えるわけですから、投下資本は増えます。営業利益がそのままならば、ROIC は当然下がります。もちろん会社は儲け（利益）を増やすために投資するのですから、投資によって儲けが増えていくにしたがって ROIC は徐々に上昇していきます。そして、投資が予定どおりうまくいけば、投資前よりも ROIC は上がります。

図 4.10 を見てください。

　製造業の会社が増産のために工場建屋と生産設備を増設する投資の
ケースで考えてみましょう。

　建屋を増設するような投資は、相応に時間がかかります。たとえば
2年くらいの期間をかけて、土地の造成、工場建屋の建設、生産設備
の設置を進めていく場合、この2年間の投資分に関してまったく利
益が上がらず、固定資産だけが徐々に増えていきます。

　したがって、この間は売上や利益が増えずに投資だけが増えるため、
徐々にROICは下がっていきます。そして、工場が完成して稼働する
瞬間が、もっともROICは悪化します。ここから、製品の増産が進み、
売上が増加し、利益も増加することによってROICは徐々に上昇して
いき、順調に進めば投資前の水準を越えるでしょう。

　このように、投資とそのリターンのタイミングにはタイムラグがあ
るので、投資をするとROICは一時的に悪化しますが、その後投資の
効果が得られるとともに改善していきます。

●図4.10：投資とROICの関係

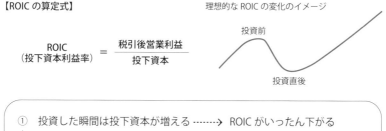

【ROICの算定式】

$$\text{ROIC（投下資本利益率）} = \frac{\text{税引後営業利益}}{\text{投下資本}}$$

理想的なROICの変化のイメージ

投資前

投資直後

① 投資した瞬間は投下資本が増える ┈┈┈→ ROICがいったん下がる
↓
② 投資直後は徐々に利益が増える ┈┈┈→ ROICは徐々に上がってくる
↓
③ 投資の効果が最大となる ┈┈┈┈┈→ ROICが投資前を超える

事業計画と投資計画の関係

　生産設備等へ投資する場合、投資と投資効果の刈取りのタイミング
は異なるので、タイミングによって ROIC は一時的に悪化することが
あると説明しました。

　繰返しになりますが、ROIC を経営指標にすることで投資を抑制し
がちになり、ビジネスが縮小均衡に陥ることはデメリットとしてあげ
られます。これを防ぐために成長目標をしっかり持ち、売上高や営業
利益、フリーキャッシュフロー等の事業の成長性を測る指標を併せて
管理することが必要です。

　そのために、**図 4.11** のように、事業戦略と投資戦略のあるべき姿
を議論し、その実行を管理するため、ROIC で投資と成長のバランス
を管理していく必要があります。

●図 4.11：事業計画と投資計画と ROIC の関係

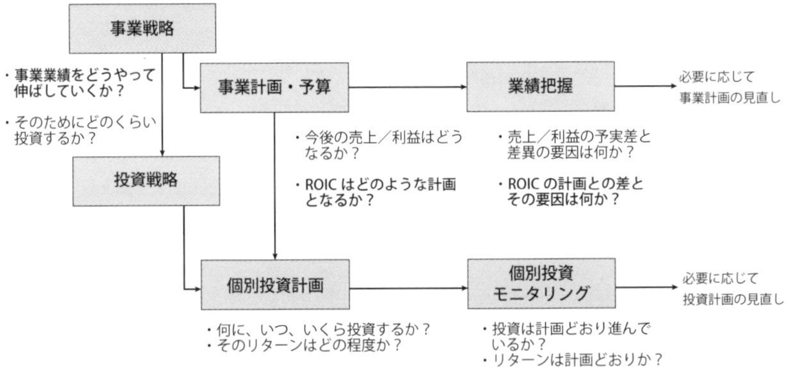

事業 ROIC の目標値の置き方と計画のつくり方

　それでは、ROIC の目標値の設定方法について改めて考えみましょう。

　結論からいうと、ROIC の目標は、中長期の目標を設定しながら短期的な計画値に落とし込む必要があります。ここでは、① 中長期の目標と② 短期的な計画に分けて考えます。**図 4.12** を見てください。

　最初に、①の中長期の目標について検討していきましょう。

●図 4.12：ROIC の中長期目標と短期計画の関係

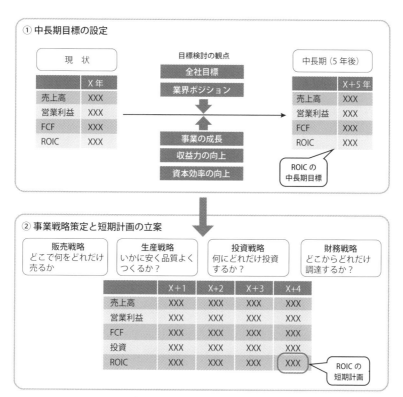

ROIC は中長期の目標を設定しつつ
短期的にはモニタリング指標と位置付ける

ここでの「中長期」とは、ビジネスによってターゲットとなる年数は異なりますが、少なくとも3〜5年先をイメージしてください。まずは3〜5年先に実現したいビジネスのゴール水準を設定します。

　これまで解説したとおり、このとき ROIC の目標値だけを設定するのではなく、成長性を示す売上高や最終的な儲けである FCF（フリーキャッシュフロー）の目標を設定したうえで、ROIC の水準を検討する必要があります。ROIC の目標値の設定において考慮すべき事項は以下のとおりです。

① 会社全体の WACC（加重平均資本コスト）

　会社全体では、ROIC ＞ WACC となることが債権者や株主の期待に応えることになります。

② 競合他社の ROIC 水準

　業界内での自社のポジショニングがリーダーである場合は、ROIC のさらなる向上はそのまま競争優位につながります。また、自社が2番手以降のフォロワーである場合は、リーダーの ROIC 水準が目標水準となります。

　中長期の目標が設定できたら、次はこれを実現するための事業戦略を立案します。具体的な内容はここでは割愛しますが、販売戦略や生産戦略を立案するとともに、さらに実現するための設備投資や M ＆ A 投資を具体化した投資戦略や、必要な資金調達のための財務戦略等を策定していきます。

　事業戦略は、施策の具体化と合わせて単年度の事業計画へ落とし込まれていきます。具体的には各年度の売上高や利益、投資額等の計画を策定することになります。

　これらの計画値に基づいて、ROIC の計画をつくっていきましょう。前述のとおり、投資の実行段階や投資効果がまだ出ていない段階では、

ROIC は低下することが想定されますが、そのことは問題ありません。むしろ ROIC の計画について中長期のゴールの期限に向けてその目標値が達成されていくかどうかをチェックしてください。

　重ねて言いますが、短期的な目標としては、ROIC は重要ではありません。むしろ投資が手早く適切なタイミングで実施され、それに伴って売上や利益が着実に伸びていくことのほうが経営としては重要です。

　経営は中長期のゴール実現のために日々の活動を積み重ねるものであり、その目標達成のために、中長期の活動を管理する指標と短期の活動を管理する指標を駆使してマネジメントを行います。本書のテーマである ROIC は、中長期のゴール指標の 1 つであるとともに、短期的には、中長期のゴール達成に向けて大きく道を外れていないか管理するためのモニタリング指標なのです。

14 償却費の範囲内での投資

　会社の投資管理の実務では、「償却費の範囲内での投資」という言葉を耳にすることがあります。この「償却費の範囲内」とはどういうことでしょうか？

　投資をすれば、B/S の固定資産がその分増えます。固定資産はその資産の内容ごとに一定期間（耐用年数といいいます）にわたり P/L の費用（減価償却費）として計上されます。

　たとえば、100 万円の設備を購入したとします。この設備の耐用年数が 5 年だとすると、B/S では固定資産が 100 万円増加して、P/L では耐用年数の 5 年間、毎年 20 万円（＝ 100 万円÷ 5 年）の費用が計上されます。

　次に支払いについて考えてみましょう。設備の代金 100 万円は設備を購入した年に支払ったとします。つまり現金が 100 万円減少します。

　翌年以降はどうでしょうか？　既に代金の支払いは終わっているので翌年以降の支払いはありません。減価償却費の 20 万円は費用として計上されますが、現金の支払いはありません。ここで重要なのは、減価償却費は現金の減らない費用だということです。

　ここでは、1 つの設備を購入してそれを何年間か使うという例を紹介しましたが、実際の会社は、毎年さまざまな投資を行い、計上された固定資産を毎年減価償却費として費用に計上しています。減価償却は費用として計上されていますが、上記のとおり費用として計上されても、その分の現金は減少しません。

　次に、利益についても考えてみましょう。利益は売上から費

用を引いて計算されます。費用よりも売上の方が多ければその分が利益となり、利益の分だけ会社に現金が残るように思えます。しかし、実際は先ほど解説したとおり、費用に含まれる減価償却費の分は現金が減らないため、利益分以上に会社に現金が残ることになります。

　ここで、この講座のテーマである「償却費の範囲内で投資する」ことを改めて考えてみます。償却費の範囲内で投資するということは、「その年の利益よりも多く手元に残った儲けの範囲内で投資する」と言い換えることができます。その年のビジネスを行う中で、減価償却費は費用としては計上されてもその分の現金の減少はありませんから、償却費の範囲内で投資を行っていれば、費用分以上の現金を減らすことなく投資ができることになります。

　「償却費の範囲内で投資する」ことは、基本的には企業にとってはリスクの少ない安全な投資姿勢を表しているといえます。

　たとえば「リーマンショック」等「XXショック」と呼ばれるような大きな経済変動の後等、先行きが不透明な経済情勢の中では、多くの企業が投資を抑制し、そのため「償却費の範囲内」という目安を用います。また、投資余力のない会社では、通常でも、投資予算のシーリング（最高限度）を「償却費の範囲内」としている会社もあるようです。

　本書では、ROICを経営指標として使う中で、ROICの改善だけを追求すると投資が抑制しがちになってしまうということをデメリットとして解説してきました。資本調達コスト以上に稼げるビジネスであれば、積極的に投資して成長を目指すべきです。ROICは本来そのための目安として使うべきものであることを理解したうえでROIC経営を導入してください。

15 投資直後の ROIC 目標はどうするのか？

　本編でも解説しましたが、投資のタイミングより収益が得られるタイミングは遅れます。

　設備投資を行った場合、設備が設置されて、それらが B/S に計上されたとしても、その設備の稼働により売上が上がり、利益を得られるようになるまで、かなりの時間がかかることがあります。また、M & A 投資のような会社や事業の買収の場合、単年度では買収した会社の資産やのれんの全額が B/S に計上されたとしても、利益は買収時から年度末までの一部の期間しか計上されないということもあります。

　投資を行うと ROIC は下がってしまいますが、投資は必要です。このような場合、投資翌年度の ROIC 目標はどうすればいいのでしょうか？

　答えは以下の 2 つのどちらかとなります。
① ROIC の目標を調整する
② 投下資本の額を調整する

① ROIC の目標を調整する

　ROIC をその時点の B/S、P/L に基づいてそのまま計算するのであれば、ROIC の目標値は投資のリターンが見込めない分だけ下げて設定しておきましょう。

② 投下資本の額を調整する

　投資のリターンが得られると見込まれるまでは、当該資産を投下資本計算上の資産から除外しましょう。

これは、あくまで管理会計上のテクニックの話です。①でも②でも、中長期目標として投資による収益が発生するタイミングを厳密に計画していく必要があります。収益を得られる見込みが遅れそうだからといって、状況に合わせて投資を後ろにずらしていくとROIC管理を行う意味がなくなるので注意が必要です。

　本編でも繰返し述べてきたとおり、重要なのはROICは高めればよいという指標ではなく、現実に合わせすぎた管理を行う指標でもありません。中長期の成長を目指して、適切な水準の目標値を設定して管理しましょう。

第5章

ROIC 経営を
導入しよう

ROIC 経営に向いている会社とは？

第4章までで、ROIC 経営の導入に必要な内容は
すべて解説しました。経営管理の方法は、会社の
状況と、目指すべき方向に基づいて適切に決定す
べきです。ROIC を経営管理の指標として導入する
会社は、ROIC で管理することで、企業価値が向上
できる状況にある必要もあります。ここでは、第
3章でも取り上げた ABC 社を例にして、ABC 社
の経営の発展と経営管理の進展の流れを見ながら、
ROIC の導入に至った経緯を説明していきます。最
後に、ROIC を導入するための条件をしっかり理解
していきましょう。

美咲

「健太先輩の会社は、どうしてROIC経営をすることになったんですか？」

健太

「急にどうしたの？」

美咲

「ROICが始まってから資料づくりに忙しくなるばかりで、そもそも何をやってるんだろうって疑問に思ってしまうんです」

木戸先生

「新しい経営管理が世の中のブームになると、表面だけマネをして、実効性がない会社が出てくるんだが、美咲君の会社ではROIC導入の目的は説明されていないのかな？」

美咲

「ROIC導入の目的？　そういえば聞いたような、聞いていないような…」

POINT

○ ROIC経営には、役割責任の明確化と権限移譲が必要であることを理解する

○ ROIC経営はすべての会社に向いているわけではなく、ROIC経営を導入する目的を明確にする必要性を理解する

改めて「ROIC経営」の目的を考える

　ここまで、ROIC（投下資本利益率）の定義や算定方法について、さらにはその前提となっているB/S（貸借対照表）やP/L（損益計算書）が何を表しているのかについて解説してきました。ROICという指標そのものについては、わかっていただけたでしょうか。

　ここでは、ROIC経営の導入にあたり、改めて「会社のマネジメントにおいてROICを経営指標にすること」の目的について考えます。

　ROICが、投資に対する儲けの効率を表す経営指標であることを理解していただければ、ROIC経営があらゆる会社に適合するわけではないことも理解できるでしょう。

　「手段から目的を考える」というのは本末転倒ではありますが、本書のテーマであるROIC経営の導入は、どのような会社のどのような目的に合うのでしょうか？

　多くの会社は、創業当初は規模が小さく、ビジネスモデルもシンプルです。何を売るか？　何を開発するか？　何にいくら投資するか？など、経営で必要な意思決定のほとんどを経営者（社長）が行います。

　これがある程度の規模になると、この意思決定プロセス自体が経営上のボトルネックとなってきます。

意思決定すべきことが増えてくるとは？

　会社が大きくなってくると、意思決定すべき課題自体が増えてきます。取引先（顧客・仕入先）が増え、製品ラインナップも拡大し、それに合わせて自社の販売拠点や生産拠点も増えていきます。会社の規模に合わせて従業員も多くなり、組織の階層も増えていきます。

　取引先が増えれば、決定すべき取引条件（販売価格／仕入価格、回収条件／支払条件など）の種類も増えていきます。製品ラインナップの拡充に伴い、新製品の開発や終売[*1]の判断が必要となり、仕入先も仕入品も増えていきます。また、事業が継続していけば、事業規模の増減に対応するため、販売拠点や生産拠点の新設や統廃合も検討しなければなりませんし、新規設備の導入や設備更新の投資判断も必要となります。さらに、人材マネジメントの面でも、人員配置の検討や、時代に合った人事評価制度への改訂も必要となるでしょう。

　会社の規模が大きくなってくると、すべての問題を社長1人で決定できなくなるので、さまざまな問題について、事業や業務の責任者を集めた会議体で審議することになります。社長が1人で決めていたときと比べて、すべての議題を会議体で決めるとなると時間がかかります。難しい課題になればなるほど1回の会議では決まらず、何回も議論を重ねるようになります。しかし、意思決定に時間が必要だからといって、市場や競合先は待ってくれません。会社は目の前に迫るさまざまな課題に素早く対応する必要があります。いわゆる「スピード経営」です。

　スピード経営を進めるには、何をしなければならないでしょうか？結論から言えば「役割責任の明確化」と「権限移譲の推進」の2つです（図5.1参照）。

　会社の規模が大きくなるにしたがって、責任者それぞれの役割や責任を明確にしながら権限移譲を進めていく必要があります。小さな会

社が成長していくなかで、会社に求められる経営のあり方が変わり、ROIC経営が求められてきたことについては本書の前半で解説してきました。ここからは改めて、本書の第3章に登場したABC社を題材にして、会社の規模と経営管理の移り変わりを見ながら、本書のテーマである「ROIC経営」の導入に至る経緯や導入目的について考えていきましょう。

●図5.1：会社規模の拡大に伴うマネジメント改革の方向性

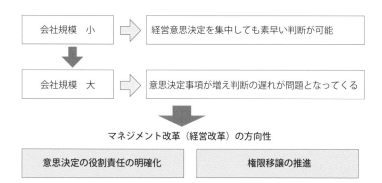

*1 製品の販売を終了すること

総合電機メーカー ABC社のケース

ABC社はグローバルに拠点展開する総合電機メーカーです。
創業事業である電機製品事業だけでなく、住宅機器や自動車部品、近年では医療機器等さまざまな分野に事業を展開しています。ABC社が最初からROIC経営を行ってきたわけではありません。事業の拡大に合わせて、経営管理を変化させてきました。それでは、ABC社が事業の拡大に合わせて経営管理の対象を変化させ、どのようにしてROIC経営を導入するに至ったのかを、会社の発展に合わせて確認していきましょう。

2 【ケース1】 ABC社の創業期〜成長期 電機メーカーとしての発展

ビジネス概要

① ビジネス概要

ABC社は、戦前に栃木県の地方都市で創業した総合電機メーカーです。祖業は電機製品の製造販売です。創業当初から戦後まもなくは、扇風機など比較的簡単な家電製品の製造販売を行っていました。創業当初のABC社は、大半の部品を仕入先から調達し自社工場で組み立てる、いわゆる町工場です。戦後しばらくして発売した冷蔵庫の大ヒットを契機に大きく成長し、製造しているアイテムも生活家電を中心に数百種類（同一製品の仕様違いも含む）に増えました。

② 生産体制

冷蔵庫がヒットして、これまでの生産設備では需要に対応できなくなったため、郊外に本社工場（栃木工場）を新設しました。その後、テレビや洗濯機といったいわゆる「電化製品の3種の神器」の開発・製造も開始し、製品アイテムが増加し、販売先も拡大していきました。

家電メーカーとしての知名度も高まり、新たに福島県内に工場を新設しました。このころから、部品調達だけでなく、製造工程の一部の加工についても協力工場に外注するようになりました。

この時期の主な生産品目は、本社工場では冷蔵庫や洗濯機、福島工場ではテレビやラジオでした。

③ 販売チャネル／営業体制

この時期の ABC 社にとって、もっとも大きな取引先は個人経営の「電器屋さん」でした。以前は町に 1 つはありましたが、いまではその多くが廃業してしまいました。ABC 社では、当時はまだ「ラジオ商」とも呼ばれた電器店と特約契約を結び、ABC 社の販売ネットワークとして系列化させていきました。電器屋さんには技術指導や販売促進を支援し、ABC 社の家電販売を一手に引き受けてもらいました。そして、電器屋さんからは、お客さまからの改善要望や新しい商品への期待などの情報を入手し、商品企画に活かすようになりました。

④ 組織体制

ABC 社は規模の拡大とともに、機能別に組織を区分していきました。当時の組織体制は**図 5.2** のとおりです。

●図 5.2：創業期〜成長期の組織体制（ABC 社）

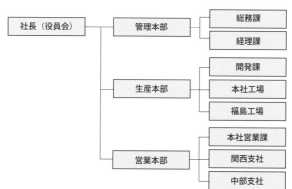

経営陣の下には管理本部、生産本部、営業本部の3つの本部が置かれていました。

⑤ 新製品開発

新製品の開発は、生産本部の開発課で行っていました。既存製品の改良は、営業が「電器屋さん」から入手した情報を元に行い、新製品の開発に関しては、米国などの先進国から情報を集めたり、発売されたばかりの製品を取り寄せたりしながら、日本に合った機能に開発し直して新製品をつくり出していました。

ABC社は、先進国で発売されている新規商品に「電器屋さん」から集めたユーザーの声を反映させて、日本的な製品をつくることが評価されて事業を拡大してきたのです。

⑥ 経営課題

創業期～成長期におけるABC社の経営課題は以下のとおりです。

・短サイクルでの新製品開発

当時の家電を中心とする電機製品市場は、多くのメーカーがひしめきあう厳しい競争環境にありました。メーカーとしての信用を高めるためにも、故障が少なく魅力的な機能をつけた新製品をリーズナブルな価格で市場へ提供することが求められます。競合先に負けないためにも、新製品は短サイクルでの開発が求められました。

・「電器屋さん」網の拡大

この時期は、現在のような大型の量販店がなく、家電製品の販売は「電器屋さん」が一手に引き受けてました。他社に勝つためには、個人経営の電器屋さんとの特約契約を増やすことが必要です。そのため、特約店に対して、製品情報の提供や使用方法の実演解説、修理部品の安定供給や修理方法の講習会などの地道な営業活動が求められま

した。日本中の隅々まで販売網を広げるため、地域ごとに営業拠点を
つくり「電器屋さん」の開拓を進めることが販売戦略上の最重要課題
でした。

・生産効率向上

　当時のABC社の工場は本社と福島の2ヵ所でしたが、両工場とも
生産が追いつかないくらいに売上が伸びており、製造工程は常にひっ
迫していました。工程は常にフル稼働しているものの、アイテム数も
相当数あったので生産アイテムごとに設備の切替えも必要で、決して
生産性が高いとはいえない状態でした。その結果、製造コストは競合
他社と比べて高く、競争力強化のためにも生産性向上とコストダウン
が必要でした。

経営目標（重要業績管理指標）

　創業期から成長期におけるABC社でもっとも重要な目標は、文字
どおり成長でした。この時期の主な経営目標は以下のとおりでした。

① 目標指標 KGI（ゴール指標）
・売上高（全社）
・営業利益（全社）

② 重要な KPI（業績管理指標）
・特約店数
・新製品売上高
・主力製品の出荷数
・主力製品の貢献利益額

　会社全体の成長を測るために、売上高と営業利益の目標を設定して
います。また、成長のためのドライバーとして、特約店の数や新製品

の売上高を設定しています。これは、特約店の増加が売上の増加に直結すること、そして、新製品の投入により市場に新しい価値提供を行うこと自体が、家電メーカーとしての存在意義を高めて特約店の増加に寄与することをねらう会社の戦略シナリオに基づくものでした。

　一方で主力製品については、生産性向上により出荷数量を増加させること、コスト削減を通じた利益貢献を目指すことを目標としています。出荷数については、つくれば売れる時代だったので、出荷数を増加させればおのずと売上が増加するという関係もありました。

管理会計制度としくみ

　上記のような経営目標（経営指標）を管理するための管理会計上の課題は以下のようなことでした。

① 製品別／地域別／組織別採算のタイムリーな把握

　最終的には会社全体での売上高や営業利益が目標ですが、その達成状況をモニタリングしながらマネジメントするには、どの地域にどんな製品を販売しているのか、できるだけタイムリーに把握しなければなりません。そのため、製品別、営業組織別で売上や利益の実績を管理する、管理会計のルールを整備する必要がありました。

② 製造原価管理の高度化

　製品別の利益額を管理するためには、製造原価情報の精度向上が不可欠でした。以前の ABC 社では、発生した費用は工場の組織（工程）ごとに把握していました。しかし、製品別の原価計算については、費用の一部は製品に直課していたものの、直課できない費用については、工場で発生した費用の合計額を原価の費目ごとに決めた基準で配賦しているだけという、いわゆる「どんぶり勘定」の原価計算でした。

　どの製品に注力すれば利益が増えるのか、どの製品を原価改善しな

ければならないのかがわからない状態のまま事業を拡大させてしまうと、利益が増えないどころか誤って赤字製品を増産させてしまい、利益を減らすことにもなりかねません。そこでABC社では、2つの観点で原価情報の精度向上を図ることになりました。

1つめは工程別原価情報の精度向上です。工場において生産性改善の取組みは工程単位で行うことになります。ABC社の工場ではさまざまな製品を製造していますが、工程ごとに計画した生産性と原価に対して、それぞれの実績値を測定して、各工程の生産性の良し悪しと改善効果を測れるようにしました。

2つめは、製品別原価の算出です。製品別の採算を管理するためには、そもそも製品をつくるためにどれだけの原価がかかっているのかを把握しておく必要があります。製品ごとに異なる加工作業の手間や、生産準備の手間などを反映して、製品ごとの標準原価を設定しました。ABC社がここで定義した標準原価とは、「特段の問題なく普通につくったらその製品にいくらかかるか」という見積りの原価です。この標準原価は、製品別／地域別の採算を把握するための基準原価としました。

以上をまとめると、ABC社の創業期〜成長期における経営管理は、売上高と利益中心の管理だといえます。この段階では、本書のテーマであるROICはマネジメントに活用されていませんし、経営層にROIC経営が必要という意識もありませんでした。

この段階の経営では、成長性の方が効率性よりも優先順位が高かったのです。

ビジネス概要

①ビジネス概要

　ABC 社は、家電メーカーとして日本での地位を確固たるものにするとともに、グローバル化と事業の多角化を推進しました。

　本業の家電事業では、まずは欧米市場への進出を進めます。多くの日本企業が欧米進出に際して、まずは販売拠点として現地法人を設立しましたが、ABC 社はいち早く米国、英国に生産拠点を設立しました。その後も家電事業のグローバル化を進めます。アジア地域への進出は中国への生産拠点の設立に始まり、その後、東南アジアに販売生産拠点を設立し、日本の工場からの生産移管も進めていきました。

　一方で ABC 社は、事業の多角化も積極的に推進しました。家電製造で築いてきた製造技術や販売チャネルをベースに事業領域を拡大していきました。

　既存事業から派生、分割した事業の1つが AV 家電事業です。これは、ラジオやテレビを販売していた「電器屋さん」からの要望でステレオを販売したことをきっかけとして、若者をターゲットとしたラジカセなどの小型プレーヤーや周辺機器を製造販売し、AV ブランドとしての地位を確立して、家電事業から分離、独立しました。その後 AV ブランドの販売チャネルは、「電器屋さん」から専門店や大型量販店にシフトしていくようになりました。

　新規の事業領域としてはじめに取り組んだのは、住宅設備事業でした。それまで ABC 社は、消費者向けの製品だけを製造し、主に街の「電器屋さん」によって販売していました。このうち照明機器については、「電器屋さん」や工務店を通じて販売していましたが、照明機

器だけでなく住宅用の電気設備の製造販売に事業領域を広げました。販売チャネルとしては、プレハブ住宅を拡大させていた住宅メーカーに売り込んでいきました。

次に取り組んだ新規事業は自動車部品事業です。こちらは、事業拡大に合わせて社内に設立した研究所で研究開発をしていた、蓄電池に関する基礎技術をベースとした電気自動車用のバッテリー関連事業です。自社の技術だけでは開発に限界があるので、自動車部品メーカーと合弁会社を設立しました。

また、情報システム事業も新規に立ち上げた事業です。もともとはABC 社内の情報システムを開発していた情報システム部門でしたが、グループ企業の情報システム構築を一手に担って、グループ全体のデータ連携を高めるために子会社化しました。その後、グループ会社へのシステム展開で得たノウハウをもとに ABC 社の取引先に情報システムを導入することから始め、取引先以外にも外販するようになりました。また業務システム以外でも、機器を制御するソフトウェアの開発もグループ会社から受託することになり、1 つの事業として成長していきました。

②生産体制

国内生産体制として、本社工場、福島工場に加え、神奈川県、大分県、島根県に工場を新設しました。海外では、米国、英国、中国、タイ、インドネシアに生産拠点を展開していきました。

各工場の主な生産品目は、**図 5.3** のとおりです。

各事業ともに国内、海外の工場で生産し、本社工場をはじめとして、多くの工場が複数事業の製品を生産しています。

また、各事業とも協力会社と一体となったサプライチェーンを構築していきました。協力会社の中では、売上高の大半を ABC 社に依存する会社も多くあり、ABC 社の系列会社と呼ばれるような協力会社も出てくるようになりました。

③販売チャネル／営業体制

　ABC社では、製品ラインナップの拡大に伴って、家電事業の販売チャネルだった「電器屋さん」とは異なる市場や得意先への販売が拡大していきました。たとえば、住宅設備であれば、ハウスメーカーや大手の工務店への直販や、小規模工務店への流通の中間業者となる卸会社などです。また、自動車部品に関しては、特定の自動車部品会社との取引が主体となり、生活家電やAV家電に関しても、これまでの特約店から大型量販店の販売が主体となっていきました。

　このように、それぞれの事業ごとに販売先も商習慣も異なるので、それぞれの事業特性に合わせた販売戦略の立案・実行が必要となり、事業ごとに営業組織を分ける必要性が出てきました。

④組織体制

　製品事業の拡大とともに、ABC社は事業別組織体制へと移行しました。事業ごとに事業本部を置き、事業本部の中で製品開発、営業販売を独立して行います。**図5.4**を見てください。

　生産工場については、会社の成長時に各工場の稼働状況に合わせて新製品の生産設備を拡大してきたため、工場の多くが複数事業の製品を生産しており、また、工場単位での生産性やコストの最適化を目指

●図5.3：ABC社の各工場の生産品目

		生活家電	AV家電	住宅設備	自動車部品
国内	本社工場	○		○	
	福島工場	○	○		
	横浜工場		○	○	
	大分工場				○
	島根工場		○		
海外	米国工場	○			
	英国工場		○		
	上海工場	○			
	広州工場		○		
	タイ工場		○		
	インドネシア工場			○	

すという生産戦略でした。そのため、各工場は事業本部の直轄ではなく、生産本部の配下に置かれた組織体制となっています。

　以上がABC社の日本本社における組織体制です。なお、海外子会社については、事業別の組織体制となっている会社もあれば、以前のABC社のように機能別の組織体制の会社もありました。

⑤経営課題

　この時期のABC社では、各事業がそれぞれ自律的に戦略を立案し遂行する体制となったことで、事業拡大に向けた動きが大きくなりました。

　経営課題としては以下の2つがあげられます。

・事業戦略遂行の機動性の確保

　事業ごとに戦略立案を行ったとしても、その実行過程では制約がありました。前述のとおり事業ごとに戦略企画機能は独立していても、生産工場は複数の事業で共有していました。こうしたことから、事業戦略のシナリオに基づく供給能力が確保できない状況が発生したり、工場の

●図5.4：グローバル化／多角化時期の組織体制（ABC社）

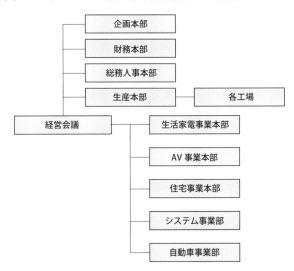

コスト制約のために新製品の設備投入ができなかったり、工場の固定費確保のために、製品の終売に関しても事業側の意志だけでは決定できなかったりと、何かにつけて事業本部と生産本部との調整が必要でした。

また、販売戦略においても、国内では事業ごとの販売組織が整備されていましたが、海外では必ずしもそうはなっておらず、戦略実行場面においては他事業との調整が必要となることも多くあり、経営スピードの点において課題がありました。

・川上統合や販路拡大を目的とした M&A の推進

ABC 社では、各事業がグローバル化を進める中で、事業ごとにサプライチェーンの拡大を目指しました。供給面では、事業ごとにサプライヤー(仕入先や協力工場)との連携強化を進めました。場合によっては、仕入先自体を M&A によって統合することもありました。

また営業面でも、各市場での販売チャネル拡大のため、業務提携や M&A を進めました。ただし、まだこの時期における投資の意思決定権は事業側にはなく、投資の稟議は本社側に承認を得る必要がありました。そのため、労力と時間をかけても承認がおりず、思ったような投資ができないという課題もありました。

経営目標 (重要業績管理指標)

グローバル化と多角化を推進した時期においても、ABC 社でもっとも重要な目標はやはり成長です。ただし、創業期とこの時期との違いは、成長の源泉をグローバル化と多角化に求めたということです。
① 目標指標 KGI (ゴール指標)
・売上高 (全社)
・経常利益 (全社)
・売上高営業利益率 (全社)
② 重要な KPI (業績管理指標)

・事業別売上高・事業別経常利益

・海外売上比率

・新規事業売上高

　会社全体の成長を測る目標としては、売上高と経常利益を設定し、また、本業の事業活動の収益力を測る目標として、売上高営業利益率を設定しました。

　成長を測るカギとなる指標としては、海外売上高比率と新規事業の売上高を設定しています。

管理会計制度としくみ

　グローバル化と多角化の時期において、ABC社の経営管理上もっとも重要な課題は連結事業損益管理でした。

　事業ごとに独立した戦略立案をすみやかに遂行させるために、各事業本部に大きく権限移譲をしました。とくに製品開発戦略や販売戦略のほとんどは事業本部の権限で決定し、実行できるようになりました。このように権限移譲が進む一方、事業本部に対しては、事業業績に対する責任（目標）が課せられることになり、本社部門としては事業業績を管理するための仕組みの構築が必要となりました。

　戦略の立案とその遂行は事業単位で行う一方で、組織体制は必ずしも事業単位とはなっていない部分もあったので、事業の業績を素早く把握することが必要となりました。

　そこで、システム事業部と連携し、連結管理会計システムを構築しました。

　この段階のABC社においては、事業部制になったことで事業に権限移譲が行われ、スピード経営も推進されるようになってきました。ただし、まだ株主は日本人が主体で経営に対する要求が強くないこともあり、創業期から続く全社一体での経営という考え方が強く、ROIC経営のような経営管理を始める土壌にはいたっていない状況でした。

ABC 社の事業ポートフォリオ 管理による成長

ビジネス概要

①ビジネス概要

事業への権限移譲を進めることで、完全ではないもののスピード経営を推進した ABC 社は、グローバル製造業として成長していきました。個々の事業が独立して戦略を考え、実行することを成長エンジンとしたのです。

この間、何度かの経済危機を経る中で、事業ごとの収益性や成長性にバラツキが目立つようになりました。現在の ABC 社の事業体制は**図 5.5** のとおりです。

ABC 社にとって祖業の 1 つでもあった家電事業のなかで、生活家電事業については、海外の新興企業とのコスト競争に勝つのは難しいという判断により、海外メーカーに事業を譲渡しました。その売却資金によって、将来成長すると判断した半導体事業と医療機器事業につ

●図 5.5：現在の ABC 社の事業区分

AV 事業
住宅設備事業
自動車事業
半導体事業
医療機器事業
情報システム事業
金融事業

いて、他社から M&A で譲受することで事業ポートフォリオの強化を図り、それぞれを 1 事業として独立させることになりました。

かつて ABC 社が多角化を進めていた時代では、個々の事業のバリューチェーンの拡大に向けた M&A が中心でしたが、近年では事業自体の買収もしくは売却も含めた M&A も増えていきました。

また、事業強化のための M&A がなくなったわけではなく、近年でもデジタル・トランスフォーメーションを見据えた情報システム事業の強化として、米国の大手 IT 企業の買収も行っています。個々の事業の成長を管理しつつも、各事業の業績や将来性を比較しながら、事業自体の入れ替えも行って、グループとしてどのように成長していくかが全社の戦略課題となっています。

②組織体制

グループの組織体制についても事業ごとの再編を行いました。図5.6を見てください。

事業別の組織再編と合わせて、ABC（株）から ABC グループホールディングス（株）に社名を変更し、情報システム事業と、金融事業についてはそれぞれ ABC ソリューションズ（株）、ABC ファイナ

●図 5.6：現在の ABC 社の組織体制

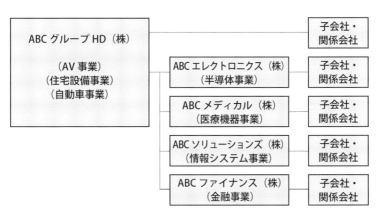

ンス（株）へ分社しました。半導体事業と医療機器事業はそれぞれ、買収した会社を母体に、本体内にあった関連事業を移管しています。

　現時点では、ABC グループホールディングス社にある事業は、AV 事業、住宅設備事業、自動車事業だけですが、来年度には自動車事業の分社化も決定しています。また、それぞれの事業の配下の子会社についても事業ごとの再編を行い、事業区分に従った組織体制への移行を進めています。

③生産体制と販売体制

　事業ごとに会社再編を行うなかで、各地の生産拠点や販売拠点も事業別に再編しました。これには何年もかかりましたが、現時点では、すべての工場が組織上いずれかの事業の配下に位置づけられています。一部の工場ではグループ内の他事業の製品製造を受託していますが、その場合でも受託側の事業も委託側の事業もそれぞれ独立した第三者間と同等の条件で取引されています。

経営課題

　ここでは、本社の管理組織としてのコーポレートの視点で、ABC 社グループの経営課題を考えてみましょう。

① グループシナジーの醸成と求心力の強化

　個々の事業がそれぞれ事業戦略を推進するなかで、いかにして事業間のシナジーを最大化して、グループとしての成長力を底上げできるかがコーポレートの役割となります。事業戦略の遂行に関わるほとんどの権限はそれぞれの事業に委譲されていますが、投資と人事に関してはコーポレートの権限として残している部分があり、事業側がすべて自由に決定できるわけではありません。

　投資については、一定額を超える場合は、主にファイナンスの観点

からコーポレートの承認が必要です。また、各会社の幹部職の人事についても、コーポレートの承認が必要となっています。

また、コーポレートが主導して、グループ全体の情報共有を推進しました。コーポレート部門に置かれた事業管理スタッフのもと、各事業の販売、製造、開発にかかわる情報を収集して事業間で共有を図り、事業間のシナジーを高めるための取組みを進めました。

② 事業ポートフォリオ管理とファイナンス（資金調達）

経営資源の配分を決定することがコーポレート部門の役割です。経営資源は限られているため、事業の成長性と収益性だけではなく、どの事業に投資することが結果としてグループの収益拡大にもっとも寄与するのかを見極める必要があります。

また、債権者や投資家とのコミュニケーションにより、低コストで投資資金を調達することもコーポレート部門の役割となります。

経営目標（重要業績管理指標）

現時点の ABC 社の経営目標は、以下のとおりです。
グループとしての成長の源泉は、コーポレートによる事業ポートフォリオ管理となります。

① 目標指標 KGI（ゴール指標）
・売上高（全社）
・EVA$^®$（全社）
・ROA（総資本利益率）

② 重要な KPI（業績管理指標）
・事業別売上高・事業別経常利益
・事業別 ROIC

会社全体の成長を測る目標としては、売上高に加えて、企業価値の向上を測るために EVA® を採用しています。

　そして、全社目標を達成させるための各事業の業績管理を行うための指標として、事業別の売上高や経常利益に加えて本書のテーマである ROIC が採用されることになりました。ROIC を管理することで、資本効率を意識した事業運営を行うことが各事業の責任となりました。

5 ROIC 経営の導入

このように、ABC 社における経営状況と、経営管理の発展の流れを見てみると、ROIC 経営を導入すべき理由と目的が理解できるのではないでしょうか？

最後に、改めて ROIC 経営導入を成功させるための条件について整理してみましょう。

ROIC 経営を導入する目的が明確になっている

ROIC 経営を導入することで、会社を変えていくコンセプトやイメージを明確にして、会社の風土や体質を改善させるくらいの覚悟で取り組む必要があります。とくに事業別 ROIC の導入と維持管理には、コーポレートと事業側の担当者に負担がかかります。

世の中の流行だからと安易に導入しても、経営管理レポートの 1 項目で終わってしまう可能性があります。ROIC 経営の導入には、経営陣による事前の議論が欠かせません。

ROIC で管理する対象が明確になっている

ROIC は比率で表されるので、何らかの対象と横並びで比較をするのに適した指標です。会社全体の ROIC であれば、公表されている B/S と P/L から作成しやすいので、規模の異なる競合他社をベンチマークとして使用するのに有効な指標といえるでしょう。

また、企業内であれば、ここまで説明してきたとおり、事業間での比較に使用できます。事業 ROIC は、たとえば歴史が長く成熟した事業と新興事業というような、外部環境も内部環境も異なる複数の事業

を、投下資本に対する利益という観点から横並びで比較できるため、コーポレートとしては傘下の事業を比較しやすい指標になります。

このように、ROIC を全社指標として導入するのか、事業間比較の指標として導入するのかをあらかじめ決めておく必要があります。

役割分担が明確で権限委譲されている

冒頭でも解説しましたが、事業 ROIC の導入には組織が分かれているだけでなく、コーポレートと各事業の役割が実務面としても明確に分担されていて、なおかつ事業の責任者に権限が委譲されている必要があります。

ROIC 経営は経営管理の仕組みそのものです。「コーポレートは会社全体の価値向上に努め、事業側は事業の価値向上に努める」ことができないようであれば、ROIC 経営を導入する意義は薄れることでしょう。役割分担を明確にした権限移譲は、ROIC 経営導入の前提条件といっても過言ではありません。

16 木戸先生の経営管理講座

M&A で ROIC はどう変化するの？

買収した会社の「のれん」の ROIC への影響を考える

　経営指標に ROIC を導入する目的の１つに、事業ポートフォリオ管理があります。事業ポートフォリオ管理とは、事業ごとの現在の業績や将来性を把握しながら、事業のテコ入れや、場合によっては不採算事業の撤退や新規事業への参入を行っていくことです。その具体的手段として、最近では M&A（合併や企業買収）が一般的になってきました。

　ここでは、M&A による ROIC への影響について考えてみましょう。

　そもそも ROIC の低い事業から撤退して、より高い事業に経営資源を配分させるのが基本ですから、「ROIC は向上するに決まっているじゃないか」と考える人が多いのではないでしょうか？　M&A の事前検討が十分行われていれば、中長期的に ROIC の向上が期待されるのはそのとおりです。ただし、第4章でも解説したとおり、投資直後から効果を獲得するまでの間は、ROIC が下がることもあります。ただ、M&A の場合は、元々事業を行っている会社や事業を買収するわけですから、基本的には投資（買収）と同時にその効果を獲得することができます。

　ここでは、M&A を行う際に発生する「のれん」と ROIC との関係について考えてみましょう。

●のれんとは？

　まず、「のれん」について説明します。「のれん」とは、財務諸表上に計上されている資産価値と実際の買収価額の差額のこ

とです。**図18**を見てください。

X社のB/Sには資産として、製品や原材料などの流動資産や、建物や設備といった固定資産などが100億円計上され、負債との差額である純資産は40億円だとします。この財務諸表が時価で計上されていると仮定すると、この純資産40億円がこの会社の価値だといえます。ただ、M&Aで会社を買う場合には時価純資産が40億円の会社をそれ以上の価額で買収することがあります。**図18**の例では、時価純資産40億円の会社を60億円で買収しています。この場合の時価純資産40億円と買収価額60億円の差額の20億円を「のれん」といいます。

X社の買収価格の60億円から時価純資産40億円を引いた差額分である「のれん」の20億円とは、B/Sには表現できないその会社の価値だということができます。たとえば、ブランド、収益力、技術力など、具体的な金額として資産に計上できないものの、将来の収益の源泉になっているような価値を評価

●**図18：のれんとは**

X社（買収先）のB/S

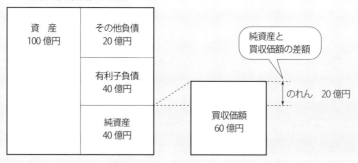

買収先会社の時価純資産額と買収価額との差額を「のれん」という

した金額だということができます。

では、M&A でのれんを計上することと、ROIC の変化について具体的な例で見てみましょう。

● M&A による B/S と ROIC の変化

図19のように、A社が時価純資産40億円の会社であるX社を60億円で買収して合併する例をもとに、解説します。

まずは先ほど説明したとおり、時価純資産額と買収額の差額の20億円が「のれん」になります。またこの例では、買収のための資金60億円は全額借り入れにより調達したものとします。

はじめに、合併後のA社のB/Sについて説明します。合併により、「資産」と「その他負債」については、A社とX社のそれぞれの計上額を合算しています。また「のれん」の20億円については、資産として計上します。負債に関しては、今回の場合、買収資金の60億円を借入金によって調達したので、有利子負債は両社の合計額に60億円がさらに追加されて250億円となります。なお、純資産はもともとのA社の額そのままで100億円になります。

次に合併後のA社のROICを計算してみましょう。図20を見てください。

税引後営業利益は26億円になります。合併の相乗効果によって利益拡大が見込まれるところですが、事例では合併直後という前提で、A社の利益にX社の利益を単純に加算しています。投下資本金額は「有利子負債＋純資産」ですから、350億円になります。

これまで説明してきたとおり、ROICの計算式は「税引後営

●図 19：M&A による B/S の変化

（ケース）A 社が X 社を 60 億円で買収し合併する

A 社の B/S

資産 300 億円	その他負債 50 億円
	有利子負債 150 億円
	純資産 100 億円

投下資本

60 億円（借入金）で買収

・税引後営業利益：20 億円
・投下資本：250 億円
・ROIC：8%
・ROE：20%

X 社（買収先）の B/S

資産 100 億円	その他負債 20 億円
	有利子負債 40 億円
	純資産 40 億円

投下資本

・税引後営業利益：6 億円
・投下資本：80 億円
・ROIC：7.5%
・ROE：15%

合併後の A 社の B/S はどうなるか？

新しい A 社の B/S

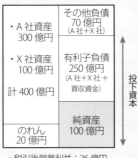

・A 社資産 300 億円
・X 社資産 100 億円
計 400 億円

その他負債 70 億円（A 社＋X 社）

有利子負債 250 億円（A 社＋X 社＋買収資金）

純資産 100 億円

のれん 20 億円

投下資本

※補足
・資産及びその他負債は A 社と X 社の合計
・有利子負債は、A 社、X 社の合計額に本件の買収資金 60 億円を加算

・税引後営業利益：26 億円
・投下資本：350 億円
・ROIC：7.4%
・ROE：26%

●図 20：M&A による A 社の ROIC の変化

【各種指標の変化 (合併前 → 合併後)】	
□　税引後営業利益	20 億円　→26 億円
□　投下資本額	250 億円→350 億円
□　ROIC	8%→7.4%
□　ROE	20%→26%

業利益 ÷ 投下資本」なので、ROIC は 7.4％ となりました。

　ここで、改めて**図19**を見てください。合併前の A 社の ROIC は 8％ で、X 社の ROIC は 7.5％ です。ROIC が 8％ である A 社が、ROIC が 7.5％ の X 社を合併したところ、ROIC は合併前の 2 社のいずれの ROIC よりも低い 7.4％ へと変化しました。

　合併後の A 社の ROIC がもともと低かった X 社の ROIC よりもさらに下がるのに少し違和感があるのではないでしょうか？　もう少し詳しくこの事例を見ながら、何が起きているのかを考えてみましょう。

　まず、個別投資の 1 つとして考えると、今回の事例は「60 億円の投資で年間リターンが 6 億円の投資案件」であると考えられます。年間期待収益率は 10％ なので、悪くない投資に思えます。

　次に、ROE の変化について見てください。元々の A 社の ROE は 20％ でしたが、今回の合併により ROE は 26％ へと上昇しました。ROE の定義は「利益 ÷ 純資産（自己資本）」ですから、純資産が変わらず、利益だけが増えたので ROE は上昇します。逆の言い方をすると、本件のように利益が出ている会社を借入金で買収することにより ROE を上昇させることができます。

　本件では、借入金によって買収資金を調達したので ROE は上昇しましたが、増資などにより資金を調達した場合には、自己資本が増加するので ROE は低下します。

　ここが ROIC と ROE との違いです。ROIC は ROE のように、調達方法の違いでは変化しません。この点からも、これまで解説したとおり、ROIC は他の指標と比較して「ビジネスそのも

のの資産効率を測る指標」だといえるのですが、この事例では
ROIC は低下しました。なぜ ROIC は低下したのでしょうか？

　原因は「のれん」にあります。事例では合併前の A 社と X
社の投下資本はそれぞれ 250 億円と 80 億円で、その合計は
330 億円でした。ところが合併後の A 社の投下資本額は「のれ
ん」が増えた分、350 億円になりました。つまり、元々 X 社の
投下資本には計上していなかった 20 億円の資産について、今
回の合併取引でその価値を評価して、新たに計上したことにな
ります。

　合併前の A 社のビジネスにおいても、今回 X 社のビジネス
において計上された 20 億円のように、ブランドや収益力など
の目に見えない資産はありますが、これらは計上されていませ
ん。「のれん」は、基本的に M&A を行ったときだけに計上さ
れる価値です。

　本件のような場合、M&A によって買収先企業の「のれん」
分だけ ROIC が下がったと考えるのではなく、会社合併後の
ROIC は、元々その水準だったと考えます。これまで解説して
きたとおり、ROIC をある特定のタイミングの水準だけで判断
するのではなく、今後どのように向上させていくのかを目標と
して設定し、時系列で推移を管理することが重要です。

※補足：のれんの償却
ここまで解説したとおり、「のれん」は M＆A のような取引があった
際にだけ計上されるものです。また、計上したのれんを償却するかど
うかについても、会社の採用する会計基準（日本基準か IFRS かなど）
によって異なります。したがって、管理会計で ROIC を算出する際に
はのれんの取扱い次第で計算結果は異なります。採用する会計方針を
踏まえて ROIC の値を解釈することが必要となります。

●事業別ROICはどのように管理するか?

　ここまでM&Aで会社を買収した場合における会社全体のROICについて考えてきました。続いては、事業を買収した会社における事業別ROICの見方について考えてみましょう。

　さきほどの事例において、合併後のA社の会社全体のB/Sを、改めてA事業(元々A社にあった事業)とX事業(X社の買収により新たに取り込んだ事業)に区分することを考えてみましょう。**図21**を見てください。

　会社全体のB/Sはさきほど解説したとおりです。会社全体では、投下資本額350億円、税引後営業利益26億円で、ROICは7.4%となっています。これをA事業とX事業とに区分して、それぞれのROICを計算してみましょう。

　まずはA事業です。A事業は合併前のA社の事業です。事業資産は300億円、事業負債は50億円なので、投下資本額は250億円となります。事業としての税引後営業利益は20億円ですから、ROICは20億円 ÷ 250億円で8%となります。

　問題はX事業です。X事業については2つの事業B/Sを作成してみました。

　元々X社の持っていた資産や負債はX事業のものとみなすことができるので、X事業に直課するのは容易です。問題は、「のれん」を計上するかどうかです。これまで解説したとおり、A社の会社全体のB/SにはX社をM&Aで取得した際の「のれん」が20億円計上されています。

　図21において、X事業の事業B/Sを「のれん」計上の有無により2種類作成しています。左側の事業B/Sでは「のれん」を計上していません。この場合、X事業の投下資本金額は80億円となり、ROICは7.5%となります。

一方右側の事業B/Sでは、のれんの20億円を事業B/Sの資産として計上しています。

　この場合、投下資本額は100億円であり、ROICは6.0％となります。

　X事業の評価としてはどちらが正しいのでしょうか？　2つの考え方について説明します。

●X事業のB/Sに「のれん」を計上しない考え方

　A事業との事業間の比較や事業自体の資本効率の評価のためには、M&Aで発生（識別）した「のれん」は投下資本に含めない方がよいという考え方。

　　→　事業自体の評価を重視した考え方

●図21：M&Aで事業を取得した会社の事業別ROIC

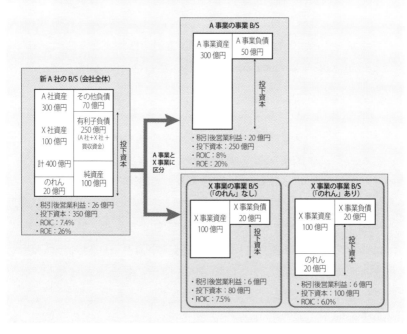

● X 事業の B/S に「のれん」を計上する考え方

　会社としては X 事業の取得のために「のれん」分も含めて
投資している以上、投下資本に含めて資本効率を管理すべきと
いう考え方

　　→　会社としての投資回収を重視した考え方

　ROIC の算定方法に限らず、「のれん」の取扱いは管理会計
ではしばしば論点となりますが、結論としてはどちらの考え方
にも一理あるといえます。やはりこの場合でも、ROIC を経営
指標とする中では、自社がどちらの考え方を重視しているかを
意識して、ROIC の目標や実績を管理していくことが肝要です。

著者紹介

松永 博樹（まつなが・ひろき）

アットストリームコンサルティング株式会社・マネージングディレクター
アーサーアンダーセンビジネスコンサルティング（現 PwC コンサルティング）を経て、現在に至る。事業戦略・市場戦略の策定、組織戦略の策定、グローバル経営管理制度・原価管理制度の企画 / 立案等のコンサルティングに従事している。著書に『「製造業」に対する目利き能力を高める—金融機関の行職員は製造業の現場で何をどのような視点でみるべきか』（金融財政事情研究会、共著）、『現場管理者のための原価管理の基本—生産現場の業績向上に役立つ原価の読み方がわかる入門書』（日本能率協会マネジメントセンター、共著）、『ケースでわかる管理会計の実務』（日本能率協会マネジメントセンター、共著）がある。

伊藤 学（いとう・まなぶ）

アットストリームコンサルティング株式会社・マネージングディレクター
PwC コンサルティング（現:IBM）、ベリングポイント（現:PwC コンサルティング）を経て、現在に至る。経営管理制度の企画／設計と導入／定着化、業務プロセスの診断と改革の企画／立案、会計システム等の基幹系システム導入の企画／立案等のコンサルティングに従事している。著書に『「製造業」に対する目利き能力を高める—金融機関の行職員は製造業の現場で何をどのような視点でみるべきか』（金融財政事情研究会、共著）がある。

＊ EVA（Economic Value Added：経済的付加価値）はスターン・スチュワート社の登録商標です。

P/L だけじゃない事業ポートフォリオ改革

ROIC 超入門

2021 年 12 月 10 日　初版第 1 刷発行
2024 年 7 月 25 日　　第 7 刷発行

著　者 ——— 松永博樹・伊藤学
　　　　　　©2021 Hiroki Matsunaga・Manabu Ito

発行者 ——— 張　士洛

発行所 ——— 日本能率協会マネジメントセンター

〒 103-6009　東京都中央区日本橋 2-7-1　東京日本橋タワー
TEL　03（6362）4339（編集）／ 03（6362）4558（販売）
FAX　03（3272）8127（編集・販売）
https://www.jmam.co.jp/

装　　丁 ——— 山之口正和（OKIKATA）
イラスト ——— シュウ
本文 DTP ——— 渡辺トシロウ本舗
印 刷 所 ——— シナノ書籍印刷株式会社
製 本 所 ——— ナショナル製本協同組合

ISBN 978-4-8207-2962-4 C2034
落丁・乱丁はおとりかえします。
PRINTED IN JAPAN

KPIマネジメントの再構築

見える化とコミュニケーションが導く PDCA 改革

大工舎宏 著
A5 判、232 ページ

経営管理は従来以上に迅速かつ柔軟にかじ取りすることが求められる。本書は「KPI マネジメントの形骸化」に焦点をあて、KPI が停滞してしまう要因と、そこからのリカバリー方法・回復策を解説する。KPI マネジメントのシリーズ第三弾。

ケースでわかる
管理会計の実務

製品別採算管理
事業ポートフォリオ管理
投資案件管理の実際

松永博樹・内山正悟 著
A5 判、304 ページ

管理会計は、将来の利益を生むための基本と
して、技術部門、製造部門、生産管理、営業
部門、情報部門、管理部門すべての人が知っ
ておくべきビジネス・ツール。「製品別採算管
理」「事業ポートフォリオ管理」「投資案件管理」
について、ケースをもとに実務的にまとめた。

【主な目次】

日本能率協会マネジメントセンター